직업기초능력 가이드북

대학생을 위한 실전 커뮤니케이션 훈련서

의사소통능력

반희영 저

대학생이 배우고

현장에서 바로 활용하는

NCS 기반 의사소통능력 완전정복

도서출판 구미서관

프롤로그

대학생을 위한 실전 커뮤니케이션 훈련서

말보다 중요한 건, '잘 소통하는 힘'

"말을 잘하지 못해 면접에서 떨어졌어요."

"현장실습 중 지시를 정확히 이해하지 못해 실수했어요."

"고객에게 뭐라고 설명해야 할지 모르겠어요."

"같은 팀인데도 서로 말이 안 통해요."

많은 학생이 이런 고민을 경험한다. 수업에서는 발표를 주저하고, 현장에서는 대화에 어려움을 느낀다. 문서를 읽고도 핵심을 놓치거나, 말실수로 갈등을 겪기도 한다. 이 모든 문제의 중심에는 바로 '의사소통능력'이 있다.

의사소통능력의 본질

의사소통능력은 단순히 말을 잘하거나 글을 잘 쓰는 데 그치지 않는다. 더 중요한 것은 생각과 감정을 정확히 주고받아 서로를 이해하는 것이다. 즉, 듣기 · 말하기 · 읽기 · 쓰기를 통해 정보와 감정을 교환하고 상호 이해에 이르는 것이 의사소통능력의 본질이다.

다섯 가지 의사소통능력(NCS 기준)

국가직무능력표준(National Competency Standards, 이하 NCS)에서는 의사소통능력을 다섯 가지로 구분하며, 이는 다음과 같다.

1. 문서이해능력: 문서를 정확하게 읽고 핵심을 파악하는 능력
2. 문서작성능력: 정중하고 명확하게 글을 작성하는 능력
3. 경청능력: 주의 깊게 듣고 적절히 반응하는 능력
4. 의사표현능력: 상황과 감정에 맞게 자신의 생각을 효과적으로 표현하는 능력
5. 기초외국어능력: 외국어를 활용해 글로벌 상황이나 외국인 고객과 기본적인 의사소통을 수행하는 능력

의사소통능력의 중요성

의사소통능력은 모든 직무의 기본 역량으로, 업무의 정확성과 협업의 효율성, 관계 형성에 직접적인 영향을 미친다. 작업지시를 잘못 이해하면 사고로 이어지고, 고객의 말을 제대로 듣지 않으면 불만이 발생한다. 반대로 문서를 정확히 이해하고 상황에 맞게 표현하면 신뢰와 성과를 얻을 수 있다. 또한 의사소통능력은 갈등을 예방하고 협력을 이끌어내는 핵심 요소다. 부정확한 표현은 불필요한 갈등을 낳지만, 명확한 의사소통은 조직 문화를 긍정적으로 바꾸고 개인과 조직 모두의 성과를 높인다.

교재의 특징

이 교재는 단순한 이론 학습에 머무르지 않고, 실제 상황에서 바로 활용할 수 있는 실전 중심 교재이다. 학습자가 교실을 넘어 직무 현장에서 즉시 적용할 수 있도록, 훈련과 활동을 중심으로 구성하였다. 문서를 빠르고 정확히 읽어 핵심을 파악하는 훈련, 다양한 형식의 글쓰기 실습, 상대방의 감정을 존중하며 공감하는 경청 훈련, 불필요한 갈등을 줄이는 대화법, 그리고 외국인과의 기본적인 의사소통까지 다루어, 직무 현장에서 필요한 역량을 기를 수 있다. 특히 각 장에는 실제 사례와 구체적인 예시가 포함되어 있어 학습자가 내용을 쉽게 이해할 수 있으며, 워크북 활동지와 자기점검표를 통해 자신의 강점과 약점을 스스로 확인할 수 있다. 이 과정을 통해 학습자는 단순히

지식을 아는 데 그치지 않고, '훈련 → 적용 → 성찰'의 순환을 경험하며 점진적인 성장을 체감하게 된다.

의사소통능력 개발의 시작

의사소통능력은 타고나는 것이 아니라, 꾸준한 연습을 통해 충분히 키울 수 있는 역량이다. 이 교재를 통해 말은 더욱 분명해지고, 문서는 정확성이 높아진다. 표현과 경청에서는 자신감을 얻게 될 것이다. 나아가 상황에 맞게 적절히 소통하는 힘을 기르면서, 학습자는 학교생활과 직무 현장 모두에서 한 단계 성장한 자신을 발견할 수 있을 것이다.

"문서를 정확히 이해하고, 주의 깊게 듣고, 생각을 분명히 말하며 글로 표현하고, 필요할 때는 외국어로 소통할 수 있는 능력"은 일과 삶의 질을 높이는 핵심 역량이다.

그 역량을 키울 가장 좋은 출발점은 바로 지금 이 순간이다.

차 례

나의 의사소통능력 사전 점검하기

※ 아래 각 문항을 읽고, 자신에게 해당하는 정도에 V 표시를 해 보세요.[1)]

번 호	내 용	그렇다	보통이다	아니다
1	나는 상대방의 말을 끝까지 듣고 요점을 파악한다.			
2	나는 정보를 전달할 때 상대방이 이해하기 쉽도록 요점을 정리한다.			
3	나는 상대방의 표정, 말투, 몸짓을 통해 감정이나 의도를 파악한다.			
4	나는 공지사항, 작업지시서 등의 문서를 정확히 읽고 핵심 내용을 파악한다.			
5	나는 상황과 목적에 따라 정중하거나 직설적인 표현을 구분해 사용한다.			
6	나는 작성한 보고서나 이메일에서 주제와 목적을 명확히 전달한다.			
7	나는 문서작성 전 맞춤법과 문장 구조를 점검한다.			
8	나는 갈등 상황에서 감정을 조절하며 대화로 해결한다.			
9	나는 대면이나 전화 응대에서 정중하고 정확한 표현을 사용한다.			
10	나는 팀 활동에서 상대방의 의견을 존중하고 내 의견을 조화롭게 제시한다.			

1) 본 자기점검표는 「NCS 직업기초능력 학습모듈: 의사소통능력」(한국직업능력연구원, 2020) 및 「K-CESA 핵심 역량 진단체계」(교육부 · 한국교육개발원, 2018)를 참고하여 새롭게 구성하였다.

채점 방법: 그렇다=3점, 보통이다=2점, 아니다=1점

총점: ________점 / 30점

해석:

- 26~30점: 현재 의사소통능력이 우수하여 수업에서 다루는 내용을 실무에 곧바로 연결할 수 있습니다.
- 20~25점: 기본적인 의사소통능력은 있으나, 수업을 통해 경청 · 표현 · 문서이해 등 일부 영역을 보완할 필요가 있습니다.
- 19점 이하: 의사소통능력이 부족하여 오류와 오해가 생길 수 있으므로, 이번 수업에서 전반적인 훈련이 요구됩니다.

제1장

의사소통능력

01 개요와 학습 목표

개 요

- 의사소통능력은 직무 수행에 필요한 정보를 주고받고, 이를 정확하게 이해하고 표현하는 종합적인 역량이다.
- 문서이해능력은 업무지시서, 공지사항, 매뉴얼 등 다양한 문서의 내용을 정확히 파악하는 역량이고, 문서작성능력은 목적에 맞는 형식과 표현으로 보고서나 이메일 등을 논리적이고 명확하게 작성하는 역량이다.
- 경청능력은 대화에서 상대방의 말을 주의 깊게 듣고, 의도와 감정을 정확히 이해하며 상황에 적절히 반응하는 역량이고, 의사표현능력은 대화나 발표 등에서 자신의 생각을 논리적이고 명확하게 전달하는 역량이다.
- 기초외국어능력은 글로벌 환경이나 외국인 대상 업무에서 필요한 기본적인 외국어 표현과 이해를 수행하는 역량이다.

학습 목표

1. 의사소통능력의 개념과 중요성을 정확하게 이해하고, 일상생활과 직무 수행에서 왜 중요한지 설명할 수 있다.
2. 의사소통능력이 업무 정확성, 대인관계, 고객 응대, 조직 성과 등에 미치는 긍정적 영향을 설명할 수 있다.
3. 자신이 경험한 의사소통 사례를 분석하여, 성공 요인과 한계점을 파악하고, 이를 바탕으로 개선 방안을 제시할 수 있다.
4. 향후 학습할 문서이해능력, 문서작성능력, 경청능력, 의사표현능력, 기초외국어능력의 중요성을 의사소통능력의 구성요소로서 이해할 수 있다.

02 의사소통능력의 개념과 중요성

현대 사회는 '소통의 시대'라 불릴 만큼 사람과 사람, 조직과 조직 간의 연결이 매우 중요해졌다. 특히 직업 세계에서는 혼자만 잘한다고 일이 원활히 진행되지 않는다. 동료, 상사, 고객 등 다양한 사람과 협력하며 함께 일하는 과정에서 의사소통능력은 필수적인 직무역량으로 인식되고 있다.

1) 의사소통의 개념

국립국어원 표준국어대사전에서는 의사소통(Communication)을 "가지고 있는 생각이나 뜻이 서로 통함"으로 정의한다. 일반적으로 말, 글, 몸짓 등을 통해 서로의 생각이나 감정을 주고받는 과정을 의미하며, 이는 정보 전달, 상호 이해, 공감을 위한 기본적인 인간 활동이라 할 수 있다.

의사소통은 단순히 정보를 주고받는 데 그치지 않는다. 정보 전달을 바탕으로 상호 이해와 공감을 함께 이루어야 비로소 효과적인 의사소통이라 할 수 있다. 예를 들어 친구에게 메시지를 보내거나, 교수의 강의를 듣고 이해하거나, 고객에게 제품을 설명하는 상황 모두가 의사소통에 해당한다. 그러나 말이 오갔다고 해서 소통이 항상 성공한 것은 아니다. 때로는 오해가 생기거나 감정이 상하고, 의도가 왜곡되는 일이 발생한다. 이러한 문제는 대개 말의 내용뿐 아니라 말하는 태도, 듣는 자세, 표현 방식 등 의사소통의 기술 부족에서 비롯된다. 즉, 효과적인 의사소통은 단어와 문장을 넘어 태도와 맥락까지 고려한 종합적 상호작용의 결과이다.

2) 의사소통능력의 개념

의사소통능력(Communication Competency)은 단순히 소통 행위를 넘어서, 주어진 상황과 목적에 따라 듣기 · 말하기 · 읽기 · 쓰기를 효과적으로 수행하는 종합적인 역량이다. NCS에서는 의사소통능력을 "직무 수행에 필요한 의사를 정확하게 전달하고, 타인의 의견을 수용하여 업무 목표를 효과적으로 달성하는 능력"으로 정의한다. 즉, 의사소통능력은 상황에 적합한 언어적 · 비언어적 수단을 활용하여 자신의 생각을 논리적이고 명확하게 전달하고, 타인의 메시지를 정확히 이해하며, 이에 효과적으로 반응하는 역량이다. 이 능력은 단순한 표현 기술을 넘어, 직무 수행, 대인관계, 문제 해결, 팀워크 형성 등 실제 업무 현장의 핵심 역량으로 작용한다.

3) 의사소통능력의 중요성

의사소통능력은 단순한 말하기 기술이 아니라 직무 수행과 인간관계, 성과 창출에 직결되는 핵심 역량이다. 정확히 듣고, 이해하고, 표현하지 못하면 업무 실수와 갈등, 신뢰 하락으로 이어질 수 있다. 아래는 의사소통능력이 중요한 이유를 구체적으로 정리한 것이다.

(1) 정확한 업무 수행의 핵심 조건

상사의 지시, 작업 내용, 고객 요구 등을 정확히 이해하고 처리해야 하며, 문서를 읽고 해석하는 것은 물론, 자신이 이해한 내용을 보고서나 회의에서 효과적으로 전달할 수 있어야 한다. 의사소통능력이 부족하면 작은 착오도 곧바로 업무 실수와 신뢰도 하락으로 이어진다.

예시: 상사의 지시인 '납기일은 6월 15일'을 16일로 잘못 이해해 납품이 하루 늦어짐 → 고객 불만 발생, 회사 신뢰도 하락

(2) 협업과 팀워크의 필수 기반

동료 간 협력, 정보 공유, 피드백 주고받기, 조정과 합의 등은 모두 의사소통으로 이루어진다. 갈등 상황에서도 감정을 조절하고 문제를 해결하려면 반드시 의사소통능력이 뒷받침되어야 한다.

예시: 협업 중 불만을 제대로 표현하지 못하고 참기만 함 → 오해와 불신이 쌓여 팀 내 갈등으로 확산됨

(3) 고객 응대와 서비스 질을 좌우하는 요소

고객의 질문, 불만, 요청을 잘 듣고 정확하게 설명하거나 응답할 수 있어야 한다. 특히 비언어적 의사표현(표정, 태도, 눈빛 등)까지 포함한 의사소통능력이 고객의 신뢰와 충성도를 좌우한다.

예시: 고객 요청에 "그건 안 됩니다"라고 단호하게 응답함 → 불친절하다는 인상을 주어 고객 불만 증가

(4) 직무 성과와 리더십을 강화하는 동력

보고서, 프레젠테이션, 제안서 작성 등에서 명확한 문서 표현력이 요구된다. 또한 의사결정, 후배 지도, 회의 주도 등 리더십 상황에서 의사소통능력은 성과를 좌우하는 핵심 역량이다.

예시: 회의에서 자신의 의견을 논리적이고 명확하게 전달하지 못해 팀의 목표와

어긋난 결정을 유도 → 프로젝트 지연 발생

(5) 취업과 승진을 결정짓는 평가 기준

취업 관련 면접이나 자기소개서에서도 의사소통능력은 중요한 평가 요소로 작용한다. 입사 후에도 보고서 작성 능력이나 회의에서 발언 태도, 전반적인 의사소통능력이 업무 성과와 승진에 직접적으로 반영된다.

예시: 면접에서 질문의 요지를 제대로 파악하지 못하고 엉뚱한 답변을 해 탈락
→ 표현력과 이해력이 평가에 반영됨

4) 실무에서의 예시

상 황	결 과
회의에서 상사의 지시를 정확히 이해하지 못해 보고서 제출일을 하루 늦춤	프로젝트 일정 지연
고객 클레임 전화를 받았으나 문제를 끝까지 듣지 않고 중간에 끊음	불만 가중, 고객 불만 증가
팀 프로젝트 회의에서 의견을 분명히 제시하고 합의 과정을 이끌어냄	팀 내 신뢰와 성과 향상

의사소통능력의 개념과 중요성을 정리하면, 아래와 같다.

의사소통능력은 단순한 언어 기술을 넘어, 정확한 업무 수행, 원활한 인간관계, 효과적인 고객 응대, 대외 협력, 문제 해결, 성과 창출, 자기표현을 가능하게 하는 핵심적인 직무역량이다. 즉, 주의 깊게 듣고, 명확하게 말하며, 깊이 읽고, 충실히 쓰는 능력이야말로 직무와 삶에서 성공을 이끄는 결정적 역량이다.

워크북 활동지: 의사소통능력의 개념과 중요성

1. 의사소통능력이 무엇인지, 자신만의 말로 풀어서 적어 보세요. (힌트: 무엇을 주고 받는 역량인지, 어떤 능력들이 포함되는지 적어 보세요.)

2. 자신이 일상생활 또는 아르바이트 경험 중에 겪었던 의사소통 실패 사례가 있다면 적어 보세요. 그 상황에서 실패의 원인이 무엇이었는지 분석하고, 어떻게 했더라면 더 나은 소통이 될 수 있었을지도 함께 생각해 보세요. (예시: 오해, 경청 부족, 표현 문제 등)

   ① 실패 사례:

   ② 실패 원인:

   ③ 어떻게 했더라면 더 나은 소통이 되었을지:

3. 앞으로 하고 싶은 직무에서 어떤 형태의 의사소통이 가장 중요하다고 생각하는지, 그 이유와 함께 적어 보세요.

4. 당신이 경험했거나 주변에서 본 의사소통이 잘 이루어진 사례를 하나 떠올리세요. 그 상황에서 성공적으로 작동한 의사소통 요소와 그 결과를 적어 보세요.

① 의사소통이 잘 이루어진 사례:

② 성공적으로 작동한 의사소통 요소(예시: 경청, 명확한 표현, 공감 등):

③ 그 결과 나타난 변화 또는 효과:

5. 다음 중 의사소통능력에 대한 정의로 가장 적절한 것은?

① 말을 정확하게 전달하는 기술이다.

② 자신의 생각을 글로만 표현하는 능력이다.

③ 상황에 맞게 의사를 표현하고 상대방의 말을 이해 · 반응하는 능력이다.

④ 다른 사람의 행동을 분석하는 능력이다.

6. 다음 중 의사소통능력의 중요성으로 보기 어려운 것은?
   ① 업무 실수 방지
   ② 조직 내 갈등 예방
   ③ 신체 건강 증진
   ④ 고객 만족 향상

7. 다음 중 성공적인 의사소통 사례에 해당하는 것은?
   ① 상사의 지시 중간에 끼어들며 자기 의견만 말한다.
   ② 고객에게 단호하게 "그건 안 됩니다"라고 말한다.
   ③ 회의 후 결과를 요약해 이메일로 깔끔히 정리한다.
   ④ 동료의 말에 고개를 돌리고 스마트폰을 확인한다.

5. ③　6. ③　7. ③

03 의사소통능력의 종류

의사소통능력의 종류는 전달 수단과 표현 방식에 따라 다양한 형태로 나뉘며, 직무 교육과 실무 수행의 관점에서는 다음 세 가지로 구분해 볼 수 있다.

1) 문서적 측면의 의사소통능력

문서적 측면의 의사소통능력은 문서를 정확히 읽고 이해하는 역량과 목적에 맞게 작성하는 역량을 포함한다. 이 능력은 사무직뿐 아니라 기술직, 서비스직 등 다양한 직무에서 업무의 정확성과 효율성을 높이기 위한 필수 역량이다. 따라서 문서적 측면의 의사소통능력은 크게 문서이해능력과 문서작성능력으로 나누어 살펴볼 수 있다.

(1) 문서이해능력

문서이해능력은 업무지시서, 공지사항, 매뉴얼, 계약서 등 각종 문서의 내용을 정확히 파악하는 역량이다. 핵심 정보 추출, 일정·절차 이해, 용어 해석 등의 활동을 포함하며, 실수를 줄이고 업무 흐름을 원활하게 하는 기본 역량이다.

예시:

① 회의일시: 6월 20일(목) 14:00, 장소: 3층 회의실 → 정보 파악 및 공유

② 제품검사 결과: 3차 불량률 8.7% 초과 → 내용 해석 후 보고 필요

(2) 문서작성능력

문서작성능력은 보고서, 이메일, 회의록, 일정표, 보고자료 등을 목적과 상황에 맞게 논리적이고 명확하게 작성하는 역량이다. 구조화된 문서 구성, 핵심 요약, 공손한 표현 사용 등도 포함된다. 이 능력은 실무 현장에서 자주 평가되는 핵심 의사소통능력 중 하나이다.

예시:

① ○○ 공정 이상 발생 → 원인 분석 및 대응 방안 보고서 작성

② 거래처 미팅 주요 논의 사항 정리 → 내부 팀 공유 이메일 작성

2) 언어적 측면의 의사소통능력

언어적 측면의 의사소통능력은 말을 통해 정보를 주고받는 역량으로, 듣기와 말하기 능력을 중심으로 구성된다. 이 능력은 직접 대면, 전화, 회의, 발표 등 실시간 소통 상황에서 특히 중요하다. 따라서 언어적 측면의 의사소통능력은 크게 경청능력과 의사표현능력으로 나누어 살펴볼 수 있다.

(1) 경청능력

경청능력은 상대방의 말을 주의 깊게 듣고, 내용과 감정을 정확히 이해하는 역량이다. 끼어들지 않기, 의도 파악, 적절한 반응 등의 태도가 포함되며, 원활한 소통과 신뢰 형성에 필수적인 역량이다.

예시:

① 상사: 납품은 금요일 오전까지 꼭 마쳐야 해요. → 지시 내용을 정확히 이해하고 기한 내 납품 완료

② 고객: 이 기능이 너무 복잡해서 쓰기 어렵네요. → 불만의 감정과 요구를 파악하여 개선 방안 마련

(2) 의사표현능력

의사표현능력은 자신의 생각이나 정보를 명확하고 공손하게 전달하는 역량이다. 말의 구조 구성, 어조·속도 조절, 상황에 맞는 표현 선택이 포함된다. 프레젠테이션, 면접, 회의, 응대 등 다양한 상황에서 핵심 소통 역량으로 작용한다.

예시:

① 이 자료는 다음 주 월요일까지 정리해 드리겠습니다. → 일정 안내 및 책임감 있는 태도 표현

② 제안하신 방식도 좋지만, 저희 팀 입장에서는 이런 대안도 있습니다. → 존중과 설득을 통한 협의

3) 외국어적 측면의 의사소통능력

외국어적 측면의 의사소통능력은 직무 현장에서 복잡한 회화보다는 기본적인 표현을 이해하고 활용하는 데 초점을 둔다. 이는 외국인 고객 응대, 안내, 제품 설명, 안전수칙 전달 등 다양한 상황에서 필수적이다. 따라서 외국어적 측면의 의사소통능력은 구체적으로 기초외국어능력으로 살펴볼 수 있다.

(1) 기초외국어능력

기초외국어능력은 외국어(주로 영어)를 사용하여 직무 수행에 필요한 기본 의사소통을 할 수 있는 역량이다. 자주 사용되는 실용 표현 이해, 간단한 응답과 설명, 기본 문서 해석과 작성 등이 포함되며, 이는 고급 회화가 아닌 현장 중심의 실용 역량이다.

기초외국어능력은 외국인 고객 응대, 제품 사용법 설명, 안전수칙 안내, 외국어 문서 해석 등에서 요구된다. 또한 간단한 인사, 확인, 안내 표현을 구사할 수 있어야 하며, 이는 직무 현장에서 원활한 대응과 서비스 품질 향상으로 이어진다.

NCS 기준에 따르면 기초외국어능력은 아래 네 가지 영역으로 구성된다.

① 듣기(Listening): 외국인의 기본 질문이나 요청을 이해하는 역량
② 말하기(Speaking): 짧은 문장으로 응답하거나 설명하는 역량
③ 읽기(Reading): 안내문, 라벨, 이메일 등 짧은 문서를 해석하는 역량
④ 쓰기(Writing): 간단한 메모, 확인 메시지, 기본 회신 등을 작성하는 역량

예시:

① Guest: Can I get a towel? → 요청 내용을 이해하고 수건을 준비해 객실에 제공
② Label: Caution-Fragile → 제품 라벨의 문구를 해석하고 제품을 옮길 때 충격을 주지 않도록 주의

세 가지 측면으로 구분되는 의사소통능력의 종류를 정리하면, 아래와 같다.

의사소통능력은 문서를 읽고 쓰는 역량(문서이해능력 · 문서작성능력), 듣고 말하는

역량(경청능력 · 의사표현능력), 그리고 외국어 이해와 표현 역량(기초외국어능력)으로 구성된다. 이러한 역량은 직무 현장에서 정보 전달, 협업, 고객 응대, 보고 등 모든 업무의 기반이 되며, 상황에 맞는 방식으로 효과적인 의사를 주고받는 실용적인 역량으로 작용한다.

워크북 활동지: 의사소통능력의 종류

1. 문서이해능력과 문서작성능력은 어떻게 다르며, 실무에서 각각 어떤 기능을 하는지 적어 보세요.

① 문서이해능력:

② 문서작성능력:

③ 실무에서 각각의 기능:

2. 자신이 경험한 경청의 실패 또는 의사표현의 어려움의 사례를 적어 보세요. 그리고 그 상황에서 어떻게 했으면 더 효과적으로 의사소통할 수 있었을지 적어 보세요.

   ① 경청의 실패 또는 의사표현의 어려움의 사례:

   ---

   ② 더 효과적으로 의사소통할 수 있는 방법:

   ---

3. 아래 두 [상황] 중 하나를 선택하여, 상대방이 기분 나쁘지 않도록 정중하고 효과적으로 적어 보세요.

[상황]
① 고객이 제품에 불만을 제기할 때, 고객의 기분을 고려하면서 대응하는 표현
② 팀원에게 회의 시간을 변경해 달라고 정중하게 요청하는 표현

---

4. 다음 중 문서이해능력에 해당하는 행동은 무엇인가?
   ① 상사의 질문에 대답하기
   ② 공지사항에서 회의 장소와 시간을 정확히 확인하기
   ③ 거래처에 감사 인사를 이메일로 보내기
   ④ 고객의 말을 요약하여 전달하기

5. 다음 중 효과적인 경청능력에 해당하는 태도로 보기 어려운 것은?
   ① 상대방의 말에 눈을 맞추고 고개를 끄덕이며 듣는다.
   ② 듣는 도중 말을 끊고 자기 생각을 먼저 말한다.
   ③ 중요한 내용을 메모하거나 다시 확인한다.
   ④ 상대방의 감정을 고려하여 공감한다.

6. 다음 중 의사표현능력이 잘 발휘된 예는 무엇인가?
   ① 아무튼 그건 제가 어떻게 할 수 없어요.
   ② 말씀하신 부분은 확인 후 내일까지 답변드리겠습니다.
   ③ 그렇게 하면 안 되잖아요, 왜 그래요?
   ④ 이건 무조건 제가 맞습니다.

4. ② 5. ② 6. ②

04 의사소통능력의 소통방식과 효과

1) 의사소통능력의 소통방식

의사소통능력의 소통방식은 조직이나 상황에 따라 달라지며, 크게 중심집중형, 연결형, 단방향형, 대표전달형으로 나눌 수 있다. 각 방식은 정보 전달의 구조뿐만 아니라 협력의 방식과 의사결정의 특징에도 큰 차이를 보인다. 이제 각각의 방식을 구체적으로 살펴보자.

(1) 중심집중형

중심집중형은 모든 의사소통이 한 사람이나 특정 지점에 집중되는 방식이다. 이 구조에서는 중심인물(의사결정자)이 정보를 수집하고 판단하여 최종 결정을 내린 뒤 다른 사람에게 전달한다. 신속하게 의사결정을 내릴 수 있고 통제가 용이하다는 장점이 있지만, 의사결정자에게 과도한 부담이 집중되며 독단적인 의사결정으로 흐를 위험이 있다는 단점도 있다.

예시:

① 교실에서 교사가 모든 질문과 대답을 직접 통제하는 경우

② 회사에서 대표가 모든 보고와 지시를 직접 처리하는 경우

(2) 연결형

연결형은 모든 구성원이 서로 자유롭게 의견과 정보를 주고받는 방식이다. 개방적이고 상호작용이 활발하다는 특징이 있으며, 다양한 관점에서 창의적인 아이디어가 나오고 협력적인 분위기를 형성할 수 있다는 장점이 있다. 그러나 의견이 많아질수록 의사결정이 느려질 수 있고, 책임소재가 불분명해질 가능성이 단점으로 지적된다.

예시:

① 팀 프로젝트 회의에서 모든 팀원이 자유롭게 의견을 주고받는 경우

② 온라인 커뮤니티나 협업 툴을 통해 열린 대화를 하는 경우

(3) 단방향형

단방향형은 발신자에서 수신자로만 정보가 전달되는 방식이다. 수신자의 반응이나 피드백이 거의 없고 일방적인 전달이 중심이 되는 것이 특징이다. 지시나 정보를 빠르고 명확하게 전달할 수 있다는 장점이 있지만, 수신자의 이해 여부를 확인하기 어렵고 오해가 발생할 수 있다는 단점이 있다.

예시:

① 방송, 강의, 공지문을 전달하는 경우

② 상사가 일방적으로 지시만 내리는 경우

(4) 대표전달형

대표전달형은 집단 내에서 논의와 합의를 거친 뒤 대표자가 최종 의견을 정리해 다른 집단이나 상위 조직에 전달하는 방식이다. 집단의 의견을 효율적으로 정리할 수 있고 대외 소통 시 혼선을 줄일 수 있다는 장점이 있지만, 대표자가 집단의 의견을 왜곡하거나 일부만 전달할 위험이 존재한다는 단점도 있다.

예시:

① 학생회장이 학급의 의견을 정리해 학교에 전달하는 경우

② 노조 대표가 조합원의 요구사항을 회사와 협상하는 경우

의사소통능력의 소통방식을 정리하면, 아래와 같다.

중심집중형은 '한 사람에게 모이는 구조', 연결형은 '모두가 자유롭게 연결된 구조', 단방향형은 '말하는 사람만 있고 듣기만 하는 구조', 대표전달형은 '대표자가 집단의 의견을 정리해 전달하는 구조'라 할 수 있다. 따라서 소통방식은 단순한 전달 경로가 아니라, 상황과 목적에 따라 정보의 흐름과 협력의 방식, 의사결정의 속도와 질을 좌우하는 중요한 틀이며, 이를 올바르게 이해하고 활용하는 것이 직무 수행과 성과 창출의 핵심 역량이라 할 수 있다.

2) 의사소통능력의 효과

우리는 학업을 마친 뒤 다양한 산업 현장, 서비스 직무, 전문 분야로 진출하게 된다. 이때 의사소통능력은 단순한 '기술(Skill)'이 아니라, 업무 수행의 핵심 도구이자 실질적인 생존 역량이다. 고객의 요구를 정확히 듣고 응대하거나, 상사의 지시를 이해하여 실수 없이 처리하며, 팀원과 협력하고 갈등을 조율하는 모든 과정이 결국 의사소통능력에 기반한다.

또한 면접, 실습, 인턴십 등에서도 자신을 잘 표현하고 타인의 말을 정확히 이해하는 능력이 평가 결과와 기회 획득에 직접적인 영향을 미친다. 오늘날은 단순히 업무 능력만으로는 부족하다. 이를 정확히 소통하며 수행할 수 있는 사람이 더 높은 평가를 받는다.

의사소통능력이 직무 현장에서 발휘되면 다양한 긍정적 효과가 나타난다. 대표적인 효과는 다음과 같이 다섯 가지로 정리할 수 있다.

(1) 실수 감소와 성과 향상

지시사항과 절차가 명확히 전달되고 이해되면 착오, 납기 지연, 중복 작업 등이 예방되어 업무의 정확성과 효율성이 높아지고 성과도 향상된다.

예시: 작업지시서를 정확히 이해 → 품질 불량률 감소

(2) 협업과 팀워크 강화

의견 교환, 역할 분담, 갈등 조정이 원활하게 이루어지면 신뢰 기반의 협업 문화가 형성되고 팀워크가 더욱 강화된다.

예시: 회의 일정 변경 필요 → 팀원들과 협의하여 일정 변경 및 조율 성공

(3) 고객 만족과 기업 이미지 상승

고객의 요청을 정확히 파악하고 공손하게 응대하면 신뢰를 얻을 수 있고, 이는 고객 만족을 높이고 기업 이미지도 함께 향상된다.

예시: 불만 고객에게 공감적 언어로 응대 → 고객 신뢰 회복 및 재이용

(4) 조직 내 문제 해결력 강화

문제 상황에서 원인을 명확히 설명하고 대안을 제시하는 능력은 효율적인 문제 해결을 가능하게 하며, 조직 전체의 의사결정이 강화된다.

예시: 공장 이상 원인 → 회의에서 명확히 설명하고 대안 제시

(5) 개인의 성장과 승진 기회 확대

분명한 자기표현과 타인에 대한 존중은 리더십, 발표력, 대인관계능력으로 이어져 개인의 성장을 촉진하고, 이는 조직의 인정으로 이어지고 승진 기회 확대에도 연결된다.

예시: 프레젠테이션 능력 인정 → 프로젝트 팀장으로 발탁

💡 의사소통능력의 효과를 정리하면, 아래와 같다.

의사소통능력이 원활하게 발휘되면 실수는 줄고, 관계는 부드러워지며, 성과는 높아지고, 사람은 성장한다. 이는 직무 수행의 핵심 역량일 뿐 아니라, 조직 협업과 지속적인 발전을 가능하게 하는 기반이 된다.

워크북 활동지: 의사소통능력의 소통방식과 효과

1. 의사소통능력이 향상되었을 때 나타나는 효과 중 하나를 선택하고, 관련 경험이나 주변 사례 및 그 결과를 간단히 적어 보세요. (예시: 협업과 팀워크 강화, 고객 만족과 기업 이미지 상승, 개인의 성장과 승진 기회 확대 등)

   ① 선택한 효과:

   ___

   ② 관련 경험이나 사례:

   ___

   ③ 결과:

   ___

2. 아래 항목 중 하나를 선택하고, 의사소통능력이 그 효과에 어떤 영향을 미치는지 구체적인 사례를 들어 적어 보세요. (예시: 의사소통능력이 '고객 만족과 기업 이미지 상승'에 어떤 영향을 미치는지 구체적인 사례를 들어 적어 보세요.)

① 실수 감소와 성과 향상 ② 고객 만족과 기업 이미지 상승 ③ 개인의 성장과 승진 기회 확대

3. 다음 네 가지 소통방식(중심집중형, 연결형, 단방향형, 대표전달형) 중 하나를 선택하여, 본인이 경험했거나 주변에서 본 사례를 간단히 소개하고, 그 소통방식의 의의와 한계를 적어 보세요.

① 자신이 선택한 소통방식:

② 경험이나 사례:

③ 의의와 한계:

4. 다음 중 의사소통능력이 잘 이루어진 결과로 보기 어려운 것은?

① 납기 지연 없이 정확한 일정 수행

② 고객의 불만이 더 커져 분쟁으로 확대

③ 팀원 간 갈등 없이 역할을 명확히 수행

④ 문제 상황에서 적절한 대안을 도출

5. 다음 중 의사소통능력의 소통방식 중 연결형의 장점으로 가장 적절한 것은 무엇인가?

① 신속한 의사결정과 통제 가능

② 창의적인 아이디어와 협력적 분위기 형성

③ 빠르고 명확한 지시 전달

④ 대표자의 의견 왜곡 위험 감소

6. 다음 중 승진 기회 확대로 이어질 수 있는 소통 역량의 예시는?

① 회의에서 조용히 상대방의 의견만 듣는다.

② 고객에게 단호하게 거절한다.

③ 상사의 지시를 듣고 정확하게 보고서를 작성한다.

④ 동료의 의견을 무시하고 독단적으로 결정한다.

4. ② 5. ② 6. ③

나의 의사소통능력 종합 점검하기

※ 아래 각 문항을 읽고, 자신에게 해당하는 정도에 V 표시를 해 보세요.[2]

번 호	내 용	그렇다	보통이다	아니다
1	나는 상대방의 말을 주의 깊게 듣고 핵심을 파악한다.			
2	나는 내 생각을 상황과 상대방에 맞게 명확하게 표현한다.			
3	나는 문서의 목적과 요점을 파악한다.			
4	나는 갈등 상황에서도 감정을 조절하며 대화한다.			
5	나는 외국인과 간단한 의사소통(인사, 안내 등)을 한다.			

채점 방법: 그렇다=3점, 보통이다=2점, 아니다=1점

총점: ________점 / 15점

해석:

- 13~15점: 수업에서 학습한 의사소통능력을 잘 습득하여 실무 상황에 적극적으로 활용할 수 있습니다.
- 10~12점: 의사소통능력의 기본은 이해했으나, 경청 · 표현 · 외국어 등 일부 영역

2) 본 자기점검표는 「NCS 의사소통능력 학습모듈」(한국직업능력연구원, 2020) 및 「K-CESA 핵심역량 진단체계」(교육부 · 한국교육개발원, 2018)를 참고하여 새롭게 구성하였다.

보완을 위해 상황별 역할극, 발표 연습, 모둠 토론 참여와 같은 추가 훈련이 필요합니다.

- 9점 이하: 의사소통능력을 충분히 적용하지 못했으므로, 반복 학습과 역할극 · 모의 대화 훈련이 필요합니다.

학습정리

1. 의사소통의 개념

의사소통은 말, 글, 몸짓 등을 통해 서로의 생각이나 감정을 주고받으며, 정보 전달과 상호 이해를 가능하게 하는 기본적인 인간 활동이다. 단순한 정보 교환이 아니라 공감과 이해를 포함한 상호작용이다.

2. 의사소통능력의 개념

의사소통능력은 듣기 · 말하기 · 읽기 · 쓰기를 포함한 종합적 역량으로, 상황과 목적에 맞게 듣기 · 말하기 · 읽기 · 쓰기를 활용하여 정보를 주고받고, 상호 이해와 협력을 이끄는 능력이다. 이는 단순한 언어 기술을 넘어, 직무와 일상에서 소통을 가능하게 하는 핵심 역량이다.

3. 의사소통능력의 중요성

의사소통능력은 직무 수행, 협업, 고객 응대, 갈등 해결 등 모든 업무 상황의 기반이 되는 핵심 능력이다. 또한, 업무의 정확성과 효율성을 높이고, 관계 형성과 성과 창출, 자기표현에 직접적으로 영향을 미친다.

4. 의사소통능력의 종류(NCS 기준)

의사소통능력은 다음 다섯 가지 영역으로 구성된다.

① 문서이해능력: 문서를 정확히 읽고 핵심 내용을 파악하는 능력

② 문서작성능력: 상황과 목적에 맞게 문서를 논리적으로 명확하게 작성하는 능력

③ 경청능력: 상대방의 말과 감정을 주의 깊게 듣고 이해하는 능력

④ 의사표현능력: 자신의 생각이나 정보를 조리 있고 명확하게 전달하는 능력

⑤ 기초외국어능력: 외국어로 기본적인 의사소통을 수행하는 능력

5. 문서적 측면의 의사소통능력: 문서이해능력과 문서작성능력

문서이해능력은 업무 문서에서 필요한 정보를 신속·정확하게 파악하여 실수와 혼선을 줄여 업무의 정확성과 신뢰성을 확보한다. 또한 문서작성능력은 목적과 상황에 맞는 문서를 구조적으로 작성하고, 공손하고 명확하게 표현한다. 이 두 능력은 모든 직무에서 업무의 정확성과 효율성을 높이는 데 필수적이다.

6. 언어적 측면의 의사소통능력: 경청능력과 의사표현능력

경청능력은 대화에서 상대방의 메시지와 의도를 이해하고, 적절하게 반응하는 능력이다. 또한 의사표현능력은 상황과 대상에 맞게 생각과 정보를 논리적이고 명확하게 전달하는 능력이다. 이 두 능력은 원활한 대화, 협업, 갈등 조정에서 핵심적인 역할을 한다.

7. 외국어 측면의 의사소통능력: 기초외국어능력

기초외국어능력은 직무 현장에서 외국어(주로 영어)를 사용하여 기본적인 안내, 응대, 문서 해석을 수행하는 능력이다. 이는 전문적인 통역 수준이 아니라, 현장에서 즉시 활용 가능한 실용 중심 역량으로, 외국인 고객 응대, 간단한 지시·안내, 기본 문서이해 등에 필요하다.

8. 의사소통능력의 소통방식과 효과

의사소통능력은 중심집중형, 연결형, 단방향형, 대표전달형의 네 가지 소통방식으로 구분된다. 각 방식은 정보 전달 구조와 협력 방식이 다르며, 상황에 맞게 활용될 때 실수 감소와 성과 향상, 협업과 팀워크 강화, 고객 만족과 기업 이미지 상승, 조직 내 문제 해결력 강화, 개인의 성장과 승진 기회 확대 등 다양한 긍정적 효과가 나타난다.

제2장

문서이해능력

01 개요와 학습 목표

개 요

- 문서이해능력은 업무 수행과 관련된 다양한 문서를 정확히 읽고, 핵심 정보를 파악하며, 이를 실제 상황에 맞게 적용할 수 있는 역량이다.
- 이는 단순히 글자를 읽는 수준을 넘어, 문서의 목적과 맥락을 파악하고, 업무에 필요한 내용을 판단하여 활용할 수 있는 종합적인 이해 역량이다.
- 직무 현장에서 사용되는 업무지시서, 매뉴얼, 안내문, 회의자료 등 다양한 문서를 신속하고 정확히 이해하는 역량은 실수를 예방하고 업무 효율성을 높이는 데 필수적이다.

학습 목표

1. 직무 현장에서 활용되는 직무 현장에서 사용되는 문서의 종류와 특징을 설명할 수 있다.
2. 문서를 읽고 핵심 정보를 파악하는 절차와 방법을 설명할 수 있다.
3. 실제 문서를 바탕으로 핵심 내용을 파악하고 필요한 정보를 추출할 수 있다.
4. 문서의 목적, 구조, 표현 방식을 고려하여 문서를 바탕으로 업무를 정확히 이해하고 수행할 수 있다.

02 문서이해능력의 개념과 중요성

1) 문서이해능력의 개념

문서이해능력은 업무에 필요한 문서를 읽어 핵심 정보를 파악하고, 이를 적절한 판단과 행동으로 연결하는 역량이다. 이 능력은 현장에서 바로 활용할 수 있는 핵심 역량이다. 이는 단순히 글을 읽는 수준을 넘어서, 문서의 목적과 내용을 정확히 이해하고, 직무 수행에 적용할 수 있는 사고력과 분석력을 요구한다. NCS에서는 문서이해능력을 "업무 수행에 필요한 각종 문서를 정확하게 읽고, 그 내용을 이해하여 판단하거나 적절한 조치를 취할 수 있는 능력"으로 정의한다.

2) 문서이해능력의 중요성

현장의 대부분 직무는 문서를 기반으로 수행된다. 공문서, 작업지시서, 회의자료, 보고서, 안내문, 고객요청서, 매뉴얼, 안전수칙 등 다양한 문서를 제대로 이해하지 못하면 업무 실수, 일정 지연, 사고 발생, 고객 불만 등으로 이어질 수 있다. 문서이해능력이 중요한 이유를 항목별로 살펴보자.

(1) 업무 실수 예방

지시사항, 납기일, 작업 순서를 정확히 이해해야 업무를 정확하게 수행할 수 있다.

예시: 검사 기준 0.5mm 이하를 놓침 → 기준을 놓쳐 품질 문제 발생

(2) 업무 효율성 향상

문서를 빠르고 정확하게 이해하면 불필요한 시간 낭비 없이 업무 처리가 가능하다.

예시: 문서 전체를 처음부터 끝까지 읽으며 준비 → 핵심 내용을 먼저 파악하여 회의 준비 시간 단축

(3) 조직 내 소통 강화

회의록, 보고서, 내부 공지 등을 명확히 이해하면 협업 과정에서 의사소통이 원활해진다.

예시: 회의 요약 내용을 정확히 이해함 → 팀원들과 필요한 정보를 신속하고 일관되게 공유

(4) 문제 인식과 대응력 강화

이상 수치나 오류 내용을 문서를 통해 발견하고, 적절한 조치를 취할 수 있다.

예시: 검사 결과 수치에서 기준 초과를 발견함 → 즉시 상급자에게 보고하여 신속한 조치 이행

3) 실무에서의 예시

상 황	결 과
작업지시서의 '납품 기한: 7월 10일'을 '7월 11일'로 잘못 읽음	7월 11일 납품하여 거래처 항의 발생
검사 보고서에서 불량률 12%를 발견하고 즉시 보고함	품질 문제 사전 차단
안전수칙 매뉴얼의 '화재 발생 시 우측 계단 이용'을 정확히 이해함	긴급 상황 시 신속 대피

문서이해능력의 개념과 중요성을 정리하면, 아래와 같다.

문서이해능력은 단순한 글 읽기 기술이 아니라 업무를 정확하게 수행하기 위한 핵심 역량이다. 전공이나 직무와 관계없이 모든 분야에서 요구되며, 이를 통해 실무상의 실수를 줄이고 오류를 예방하며 원활한 협업에 기여할 수 있다.

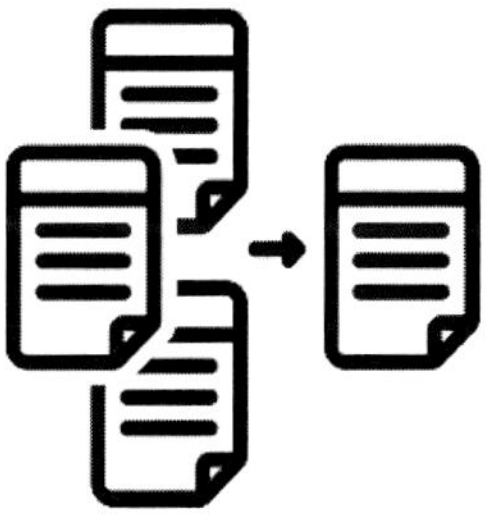

워크북 활동지: 문서이해능력의 개념과 중요성

1. 최근에 읽은 문서(예시: 공지사항, 안내문, SNS 공고) 중, 내용을 오해하거나 정확히 이해하지 못했던 경험이 있다면, 그 내용과 원인을 적어 보세요.

   ① 내용:

   ____

   ② 원인:

   ____

2. 작업지시서 내용을 잘못 이해했을 때 발생할 수 있는 문제 상황과 그것으로 인해 현장에서 나타날 수 있는 결과를 구체적으로 적어 보세요.

   ① 문제 상황:

   ____

   ② 결과:

   ____

3. 문서이해능력을 높이기 위해 일상에서 실천할 수 있는 방안을 적어 보세요. (예시: 문서를 읽으며 메모하기, 핵심 수치 표시하기)

____

____

4. 다음 중 문서이해능력의 정의로 가장 적절한 것은?
   ① 글자를 빠르게 읽는 능력
   ② 업무와 관계없이 책을 많이 읽는 능력
   ③ 문서를 읽고 핵심 내용을 정확히 파악하여 판단 및 조치를 내리는 능력
   ④ 자신의 생각을 글로 표현하는 능력

5. 다음 중 문서이해능력의 중요성으로 보기 어려운 것은?
   ① 업무 실수를 예방할 수 있다.
   ② 감정을 잘 전달할 수 있다.
   ③ 문제를 조기에 발견하고 대응할 수 있다.
   ④ 업무 속도와 효율성이 높아진다.

6. 다음 중 문서이해능력이 가장 직접적으로 필요한 상황은?
   ① 고객과 대면하며 인사할 때
   ② 팀원과 회식 장소를 정할 때
   ③ 작업일정표를 읽고 일정을 조율할 때
   ④ 친구에게 메시지를 보낼 때

4. ③ 5. ② 6. ③

03 문서의 종류와 특징

현장 직무의 대부분은 문서를 기반으로 수행된다. 업무지시, 정보 전달, 결과 보고, 대외 소통 등 모든 과정에서 다양한 문서가 활용되며, 직무의 정확성, 효율성, 책임성은 문서를 통해 확보된다. 따라서 문서의 종류와 특징에 대한 이해는 업무 능력의 기본이자 실수를 줄이는 출발점이 된다. 문서의 종류와 특징을 살펴보면 다음과 같다.

1) 공문서

공문서(Official Document)는 공공기관, 학교, 기업, 행정조직 등에서 공식적으로 발송하거나 수신하는 문서이다. 대외적으로 신뢰성과 법적 효력을 가지며, 일정한 형식과 절차에 따라 작성된다.

(1) 주요 특징

① 공적 관계에 기반: 조직 간 또는 조직 내의 공식적인 의사소통 수단

② 법적 · 행정적 효력: 문서 자체가 근거 자료로 사용되며 기록으로 보관된다.

③ 정해진 양식과 언어 사용: 공문서 작성법에 따른 표현과 구성요소가 필요하다.

(2) 구성요소

① 문서번호와 시행일자

② 수신처와 발신처

③ 제목

④ 본문(사유, 요청, 안내 등)

⑤ 담당자 연락처와 결재란

(3) 실무 예시

① 학교에서 학생에게 발송하는 등록금 납부 안내 공문

② 시청에서 기업에 발송하는 허가 요청 회신 공문

③ 기관 간 회의 요청 또는 협조 공문

④ 정부 부처에서 지방자치단체에 발송하는 예산 배정 통보 공문 등

2) 설명서

설명서(매뉴얼, Instruction Manual)는 제품, 장비, 시스템, 프로그램 등을 사용하는 방법이나 주의사항을 단계별로 안내하는 문서이다. 기술직, 생산직, 사무직 등 다양한 분야에서 실무자가 정확하게 따라야 할 절차를 제시한다.

(1) 주요 특징

① 단계별 절차 안내: 설치, 사용, 정비, 문제 해결 등의 과정 제시

② 그림 · 도식 포함 가능: 시각적으로 이해를 돕기 위한 구성

③ 안전 관련 정보 포함: 주의사항, 금지사항 명시

(2) 구성요소

① 제품명과 모델명

② 기능 설명

③ 사용 방법(순서대로)

④ 주의사항과 경고

⑤ 고장 시 조치 방법(FAQ)

⑥ A/S와 고객센터 정보

(3) 실무 예시

① 프린터 사용설명서

② 전기 장비 조립 매뉴얼

③ 소방시설 점검 매뉴얼

④ 기계작업 매뉴얼 등

3) 보도자료

보도자료(Press Release)는 기관, 기업, 단체 등이 언론 보도를 목적으로 외부(신문, 방송 등)에 배포하여 자신들의 주요 소식이나 입장을 외부에 알리는 공식 문서이다. 홍보, 이미지 제고, 정책 알림, 위기 대응 등 다양한 목적을 가진다.

(1) 주요 특징

① 언론 노출 목적: 기사로 인용될 수 있도록 구성

② 객관적이고 간결한 서술: 기자가 쉽게 이해할 수 있도록 '누가, 언제, 어디서, 무엇을, 어떻게, 왜' 등을 중심으로 작성

③ 사진 · 자료 첨부 가능: 시각 자료로 이해도 상승

(2) 구성요소

① 제목(헤드라인): 뉴스처럼 주목도 높은 문장

② 부제목(선택적): 제목을 보완하거나 강조하는 짧은 문장

③ 본문: 핵심 내용, 배경 설명, 주요 메시지

④ 작성자 연락처: 취재 요청과 문의 대응 등

(3) 실무 예시

① 기업의 신제품 출시 발표

② 대학의 주요 연구 성과 보도

③ 지자체의 축제 일정 홍보, 정부기관의 정책 변화 알림

④ 비영리단체의 사회공헌 활동 성과 발표 등

4) 자기소개서

자기소개서(Self-Introduction Letter)는 특정 목적(취업, 입학 등)을 위해 개인의 성장 배경, 가치관, 성격, 경험, 역량 등을 글로 소개하는 문서이다. 개인의 역량과 태도를 간접적으로 보여주는 '자기 PR 수단'이다.

(1) 주요 특징

① 경험 중심 서술: 단순 나열이 아니라 구체적 사례와 느낀 점이 중요

② 논리적 구조: '서론, 본론, 결론'의 구성으로 명확한 흐름

③ 자기반성 포함: 실패나 갈등 경험을 긍정적으로 전환하는 방식이 효과적

(2) 구성요소

① 성장 과정과 성격의 장단점

② 학업과 활동 경험

③ 직무 관련 역량

④ 지원 동기와 향후 목표

(3) 실무 예시

① 취업 준비 시 기업에 제출하는 자기소개서

② 특성화고 · 대학생의 현장실습 지원서

③ 공공기관 채용 자기소개서 등(예시: NCS 기반 자기기술서)

5) 기획서나 제안서

기획서나 제안서(Planning Document, Proposal)는 새로운 프로젝트, 사업, 프로그램, 행사 등을 계획하고 설득력 있게 제안하기 위해 작성하는 문서이다. 구체적인 목표, 절차, 필요 자원, 기대 효과 등을 논리적으로 구성해야 한다.

(1) 주요 특징

① 문제 인식: 해결해야 할 문제나 개선이 필요한 상황을 명확하게 제시

② 해결 제안 구조: 왜 이 기획이 필요한지를 먼저 밝히고, 실행 방법 구체화

③ 자료 기반 논리 구성: 수치, 도표, 사례 등을 활용하여 설득력 강화

④ 실행 가능성 강조: 예산, 일정, 인력 등 실제 적용 가능한 계획 필요

(2) 구성요소

① 기획 배경과 목적

② 추진 내용과 세부 일정

③ 기대 효과

④ 필요 자원(예산, 인력 등)

⑤ 첨부 자료(사진, 도표 등)

(3) 실무 예시

① 대학 축제 프로그램 기획서

② 중소기업의 마케팅 제안서

③ 지자체에 제출하는 공공사업 제안서 등

6) 기안서

기안서(Draft Document, Internal Approval Request)는 조직 내에서 어떤 결정을 공식적으로 요청하거나 실행하려 할 때 작성하는 문서의 초안으로, 내부 결재를 받기 위한 첫 단계 문서이다. 모든 조직 운영의 출발점이라 할 수 있다.

(1) 주요 특징

① 결재 절차의 시작점: '기안 → 검토 → 결재'를 거쳐 문서가 승인됨

② 간결하고 명확한 내용: 요청 목적과 필요성을 간단명료하게 서술

③ 내부용 문서: 외부 공개가 아닌 조직 내 문서로 신중한 표현 사용 필요

(2) 구성요소

① 제목, 수신자, 작성자, 기안일

② 요청 또는 제안 내용

③ 필요 사유와 배경

④ 첨부 자료와 참고문서

⑤ 결재란(기안자, 검토자, 결재자)

(3) 실무 예시

① 비품 구입 요청 기안서

② 부서 회식비 지출 기안서

③ 일정 연기 요청 기안서 등

7) 보고서

보고서(Report)는 특정 사건, 업무, 프로젝트, 조사, 실습 등의 결과나 과정을 상사나 조직에 전달하기 위해 작성하는 문서이다. 상황을 정리하고 결론이나 대안을 제시하는 데 목적이 있다.

(1) 주요 특징

① 객관적 사실 중심: 개인 의견보다는 사실과 데이터 위주의 서술

② 문제 분석과 결론 도출 구조

③ 결재나 회의자료로 활용 가능: 문서의 신뢰도와 형식 준수가 중요

(2) 구성요소

① 제목, 작성일, 작성자

② 개요와 목적

③ 본문(현황, 원인, 분석 등)

④ 결론과 제안

⑤ 첨부 자료(그래프, 표 등)

(3) 실무 예시

① 품질 이상 보고서

② 고객 불만 처리 보고서

③ 현장실습 결과보고서

8) 작업지시서

작업지시서(Work Order, Work Instruction)는 작업자가 특정한 업무를 언제, 어떻게, 어떤 조건으로 수행해야 하는지를 명확히 지시하는 문서이다. 생산 현장, 건설 현장, 서비스업 등 다양한 분야에서 사용된다.

(1) 주요 특징

① 일정, 장소, 방법을 명확히 기재
② 작업 기준과 안전 기준 포함
③ 현장 실수 방지를 위한 핵심 문서

(2) 구성요소

① 작업명, 작업자, 작업일시
② 작업 목적과 내용
③ 공구와 자재 사용 사항
④ 주의사항과 안전지침
⑤ 검수와 확인란

(3) 실무 예시

① 설비 점검 지시서
② 조립 공정 작업지시서
③ 청소 업무 분장표
④ 건설 현장의 콘크리트 타설 작업지시서 등

9) 고객요청서

고객요청서(Customer Request Form)는 고객이 기업에 상품, 서비스, 정보, 수정 요청 등을 정식으로 전달하는 문서이다. 직접 작성하거나 고객센터를 통해 수집된다.

(1) 주요 특징

① 요청 사항의 구체적 서술

② 문서 기록을 통한 책임성 확보

③ 이력 관리와 처리 결과 공유 가능

(2) 구성요소

① 고객명, 연락처

② 요청 일시와 요청 내용

③ 제품명 또는 서비스명

④ 첨부 자료(사진, 구매내역 등)

⑤ 접수자와 처리 결과

(3) 실무 예시

① 배송 오류로 인한 교환 요청서

② A/S 요청서

③ 기능 개선 요청서

④ 환불 요청서 등

10) 회의자료와 회의록

회의자료(Meeting Materials)는 회의 전 참가자에게 제공되는 정보 문서이며, 회의록(Minutes)은 회의에서 논의된 내용과 결정 사항을 정리한 기록 문서이다.

(1) 주요 특징

① 사전자료는 핵심 정리와 가독성 중시

② 회의록은 중립적 서술과 요점 중심 작성

③ 법적 기록과 추후 회의 참고자료로 사용

(2) 구성요소

① 회의자료: 안건 요약, 배경자료, 제안사항

② 회의록: 일시, 참석자, 주요 발언 요약, 결정 사항, 후속 조치

(3) 실무 예시

① 부서 월례회의 회의자료

② 고객사와의 업무 회의록

③ 프로젝트 기획 회의의 안건별 논의 정리

④ 이사회 회의록 등

문서의 종류와 특징을 정리하면, 아래 표와 같다.

번 호	문서 종류	설 명	실무 예시
1	공문서	기관 간 공식적인 의사전달을 위해 작성되는 문서	귀 기관의 협조를 요청드립니다.
2	설명서, 매뉴얼	제품, 서비스, 절차 등을 이해하고 사용할 수 있도록 돕는 문서	전원 버튼을 3초 이상 누르면 초기화됩니다.
3	보도자료	언론에 알릴 목적으로 기관이나 기업이 배포하는 공식 정보 문서	OO대학, 창업동아리 경진대회 개최
4	자기소개서	본인의 성장, 경험, 역량 등을 표현하여 평가받기 위해 작성하는 문서	저는 협업을 통해 문제를 해결하는 데 강점을 가지고 있습니다.
5	기획서, 제안서	특정 사업, 행사, 프로그램을 제안하고 계획을 설명하는 문서	이 행사는 지역주민 참여를 통해 지역 활성화를 기대합니다.
6	기안서	조직 내에서 결재를 받기 위한 최초의 내부 문서	OO 장비 구입을 위한 예산 기안을 요청드립니다.
7	보고서	특정 업무나 사건의 과정을 요약하고 결과를 정리하여 보고하는 문서	2025년 상반기 불량률은 3.7%로 나타났습니다.
8	작업지시서	작업의 일정, 절차, 방법 등을 구체적으로 지시하는 현장 중심 문서	6월 28일 09:00에 B라인 정기 점검실시 예정
9	고객요청서	고객이 기업에 요청 사항을 정식으로 전달하는 문서	모델 A-3 제품의 전원 이상에 대한 점검을 요청드립니다.
10	회의자료, 회의록	회의에 필요한 정보와 회의 내용을 기록하는 문서	안건 1: 여름방학 행사 계획 승인-전원 찬성

워크북 활동지: 문서의 종류와 특징

1. '작업지시서'라는 문서의 구성요소로 들어갈 수 있는 항목을 세 가지 이상 작성하고, 그 이유를 적어 보세요. (예시: 작성일, 담당자, 작업 내용 등)

   ① 구성요소의 항목:

   ---

   ② 이유:

   ---

2. 최근 1주일 동안 읽은 문서(예시: 공지사항, 안내문, 이메일 등) 중 하나를 떠올려, 그 문서의 목적과 특징을 적어 보세요.

   ① 문서의 목적:

   ---

   ② 문서의 특징:

   ---

3. 기안서, 회의록, 보고서 중 하나를 선택하고, 그 문서가 필요한 상황과 기본적으로 포함해야 할 내용을 적어 보세요.

① 기안서, 회의록 또는 보고서 중 택일:

____

② 그 문서가 필요한 상황:

____

③ 그 문서에 기본적으로 포함해야 할 내용:

____

4. 다음 중 '공문서'의 일반적인 구성요소로 가장 적절하지 않은 것은?

① 문서번호

② 수신처

③ 회의 시간표

④ 발신 기관명

5. 다음 중 '설명서(매뉴얼)'의 대표적인 목적은 무엇인가?

① 회사 조직도 소개

② 제품 사용 방법 안내

③ 거래처 회의 내용 요약

④ 고객 민원 처리 기록

6. 다음 문서 중 정보 전달 목적이 가장 뚜렷한 문서 유형은 무엇인가?

① 자기소개서

② 작업일지

③ 안전수칙 안내문

④ 회의록

4. ③　5. ②　6. ③

04 문서를 이해하는 절차

문서를 효과적으로 이해하기 위해서는 단순히 '읽는 것'만으로는 충분하지 않다. 문서의 목적과 구조를 파악하고, 핵심 정보를 선별하여 실무에 연결하는 사고 과정이 필요하다. 이 절에서는 문서를 이해하는 데 필요한 대표적인 절차를 네 단계로 정리하여 제시한다.

1) 1단계: 문서의 목적 파악하기

문서를 받으면 가장 먼저, 작성 목적과 요구사항을 파악한다. 업무지시인지, 정보 제공인지, 회의 초대인지 등 기능에 따라 접근 방법이 달라지기 때문이다.

예시:

① 6월 30일까지 납품 완료 요청: 일정 관리와 작업 계획 수립이 필요하다.

② 사내 교육 일정 안내: 개인 일정 확인 및 신청이 필요하다.

2) 2단계: 문서의 전체 구조 훑어보기

본문을 자세히 읽기 전에, 제목 · 소제목 · 항목을 빠르게 살펴 전체 흐름과 정보의 위치를 파악한다. 이 과정은 중요 정보를 신속하게 찾는 데 도움이 된다.

예시:

① 보고서: 제목, 현황, 문제점, 해결방안, 결론

② 회의자료: 개요, 논의안건, 시간표

3) 3단계: 핵심 정보 추출하기

본격적으로 문서의 세부 내용을 읽으며, 업무 수행과 관련된 핵심 정보(지시사항, 일정, 담당자, 수치 등)를 추출하여 정리한다. 특히 지시사항, 일정, 조건, 금액, 수량, 불량률, 위험 요소 등은 실무 적용을 위해 정확히 이해해야 한다.

예시:

① 검사 기준: 결함 0.3mm 이하

② 문의처: 고객지원팀(070-1234-XXXX)

③ 업체 방문 예정일: 7월 3일 오전 10시

4) 4단계: 행동 또는 판단으로 연결하기

문서를 이해한 후에는 반드시 행동이나 판단으로 이어져야 한다. 확인한 정보를 기반으로 대응 조치를 취하거나, 상급자에게 보고하거나, 업무 계획에 반영해야 한다.

예시:

① 보고서 작성 요청: 담당자를 지정하고 마감일을 관리한다.

② 납품 지연 사유 회신 요청: 관련 부서와 협의한 뒤 이메일로 회신한다.

문서를 이해하는 절차를 정리하면, 아래 표와 같다.

단 계	절 차	설 명
1단계	목적 파악	문서의 작성 목적과 요구사항을 파악한다.
2단계	전체 구조 훑기	제목, 소제목, 항목을 빠르게 살펴보며 전체 흐름과 정보의 위치를 파악한다.
3단계	핵심 정보 추출	날짜, 수치, 지시사항, 조건 등 실무에 필요한 핵심 정보를 추출하여 정리한다.
4단계	행동 및 판단	문서를 읽은 후 필요한 행동을 판단하고 실행하거나 보고한다.

워크북 활동지: 문서를 이해하는 절차

1. 문서를 읽을 때 가장 먼저 확인해야 할 정보와 그 이유를 적어 보세요.

① 가장 먼저 확인해야 할 정보:

---

② 이유:

---

2. 문서를 잘못 이해하여 실수한 경험이 있다면, 그 상황을 설명하고 발생 원인을 적어 보세요.

① 실수한 상황의 설명:

---

② 실수의 발생 원인:

---

3. 아래는 현장의 [작업공지문]이다. 아래 문서를 읽고 질문에 답을 적어 보세요.

> [작업공지문]
>
> • 정전 안내: 수리 시설 점검으로 아래와 같이 정전이 예정되어 있으니, 미리 준비하시기 바랍니다.
> • 일시: 2025년 10월 3일(금) 09:00~15:00
> • 대상 구역: 본관 2층 전역
> • 유의사항: 컴퓨터 및 전자기기 전원 차단 요망
> • 문의: 시설관리팀(내선번호 204)

① 이 문서의 목적:

---

② 정전 발생 시간:

---

③ 사전에 해야 할 조치:

---

4. 다음 중 문서이해의 기본 절차로 옳은 순서는?

① 핵심 정보 추출 → 전체 구조 훑기 → 행동 및 판단 → 문서 목적 파악

② 문서 목적 파악 → 전체 구조 훑기 → 핵심 정보 추출 → 행동 및 판단

③ 전체 구조 훑기 → 문서 목적 파악 → 행동 및 판단 → 핵심 정보 추출

④ 행동 및 판단 → 문서 목적 파악 → 핵심 정보 추출 → 전체 구조 훑기

5. 다음 중 문서를 이해하기 위한 과정에서 가장 먼저 해야 할 일은 무엇인가?

① 용어를 사전에서 찾아본다.

② 문서에 나오는 수치를 계산한다.

③ 문서의 제목과 작성 목적을 파악한다.

④ 필요한 서명을 먼저 한다.

6. 아래 보기 중 문서이해에 어려움을 줄 수 있는 원인이 아닌 것은?

① 낯선 전문 용어 사용

② 글의 논리적 순서 부재

③ 제목과 핵심어 강조

④ 문장의 과도한 축약 표현

4. ② 5. ③ 6. ③

05 실전 문서이해와 정보 추출

문서를 제대로 이해한다는 것은 단순히 읽는 것을 넘어, 필요한 정보를 정확히 파악하고 이를 행동이나 판단으로 연결하는 능력을 말한다. 다양한 형식의 문서를 읽고 핵심 정보를 추출하는 연습은 실수를 줄이고, 실무에서의 정확하고 효율적인 업무 수행을 가능하게 한다. 문서의 목적과 주요 내용을 빠르게 파악하는 능력은 문서이해능력 향상의 핵심이다. 아래에는 실제로 자주 접하는 다양한 문서를 제시하였다. 각 문서를 읽고 핵심 정보를 찾아 질문에 답해 보자.

1) 공지문

[학과 공지: 현장실습 사전 교육 일정 안내]

- 현장실습 참여 학생을 위한 사전 교육 일정을 아래와 같이 안내합니다.
- 교육일시: 2025년 9월 23일(화) 14:00~17:00
- 교육장소: 창조관 305호
- 준비물: 필기도구, 실습참여 서약서
- 유의사항: 교육 미이수자는 실습 참여 불가

질문에 답해 보자.

① 이 문서의 목적: ______________________

② 반드시 알아야 할 날짜: ______________________

③ 장소: ______________________

④ 참여 조건: ______________________

2) 내부 공지문

[사내 공지: 사무실 환경 정비의 날 안내]

- 모든 부서는 아래 일정에 따라 사무실 정리를 완료해 주시기 바랍니다.
- 일정: 2025년 7월 2일(수) 16시
- 대상: 전 직원
- 내용: 책상 위 불필요한 자료 제거, 공동 공간 정리, 분리수거
- 유의사항: 정비 완료 후 상태를 확인할 예정

질문에 답해 보자.

① 언제: ______________________

② 누가: ______________________

③ 무엇을: ______________________

④ 왜 중요한가: ______________________

3) 작업지시서

[작업지시서: 조립공정 B라인 점검 일정]

- 담당자: 홍길동 기사
- 점검일시: 2025년 10월 5일(목) 오전 9시
- 점검 항목: 회전축 정렬, 볼트 체결 상태 확인
- 특이사항: 정전 후 재가동 절차 준수

질문에 답해 보자.

① 누가 점검하는가: ______________________________

② 언제 점검하는가: ______________________________

③ 어떤 작업을 하는가: ______________________________

④ 주의할 점은: ______________________________

4) 안전수칙 안내문

[안전관리본부 안내: 실험실 안전수칙(필독)]

- 실험실 안전을 위해 아래 사항을 준수하시기 바랍니다.
- 실험 전: 장비 점검 및 보호장비 착용 확인
- 실험 중: 무단이탈 금지, 용액 혼합 시 담당자 확인
- 비상 시: 119 또는 실험실 비상벨 사용.
- 사고 발생 시: 즉시 지도교수 및 안전관리실에 보고

질문에 답해 보자.

① 실험 전 체크사항: ______________________________

② 비상 시 대처: ______________________________

③ 사고 시 조치: ______________________________

5) 이메일 안내문

[이메일: 2025학년도 졸업사정 일정 안내]

- 졸업예정 학생 여러분께, 아래와 같이 졸업사정 관련 일정을 안내드립니다.
- 성적 반영 마감: 2025년 12월 10일(수) 18:00
- 졸업사정 결과 확인: 2025년 12월 20일(토)부터 학사 시스템에서 확인 가능
- 유의사항: 졸업논문 제출 여부 및 이수학점 반드시 확인
- 관련 문의: 교무처(☎ 055-XXX-XXXX)

질문에 답해 보자.

① 무엇을 안내하고 있나: ________________________________

② 확인할 사항: ________________________________

③ 누구에게 문의: ________________________________

6) 고객요청서

[고객요청서: A-200 모델 전원 이상 관련 요청]

- 고객명: 김은지
- 요청일자: 2025년 11월 12일
- 내용: 구입한 A-200 모델이 전원 연결 후에도 작동하지 않습니다. 빠른 점검과 교체 가능 여부를 회신 바랍니다.
- 연락처: 010-xxxx-xxxx

질문에 답해 보자.

① 고객 이름: ______________________________

② 요청 사항: ______________________________

③ 발생한 문제: ______________________________

④ 대응 방식: ______________________________

7) 회의자료

[회의록 요약: 2025년 2학기 산학협력 간담회]

- 일시: 2025년 6월 15일(금) 14:00~16:00
- 장소: 본관 2층 회의실
- 주요 안건:
  ① 협약 기업의 현장실습 수요 조사
  ② 학생 직무역량 개선 방안 논의
  ③ 공동 교육과정 운영 계획 수립
- 회의 결과:
  ① 협약 기업 12곳 중 9곳이 실습 수용 의사 있음
  ② 직무역량 강화를 위한 기초교육(문서작성, 의사표현 등) 필요

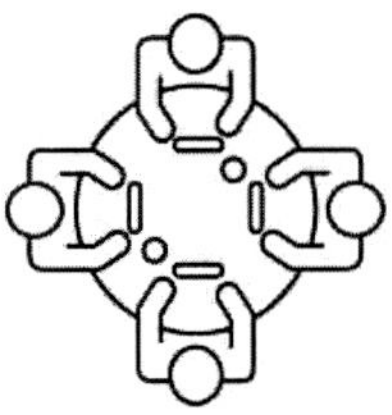

질문에 답해 보자.

① 안건: ______________________________

② 결과: ______________________________

③ 참석자: ______________________________

문서이해능력에서 실전 문서이해와 정보 추출을 정리하면, 아래와 같다.

문서이해능력은 다양한 형식의 문서에서 핵심 정보를 빠르고 정확하게 파악하여 실무에 적용하는 역량이다. 공지문, 작업지시서, 고객요청서, 내부공지, 회의자료, 안전수칙, 이메일 등 실제 문서를 읽고 필요한 정보를 추출하는 연습을 통해, 실수 없는 업무 처리 역량과 실전 대응력을 키울 수 있다.

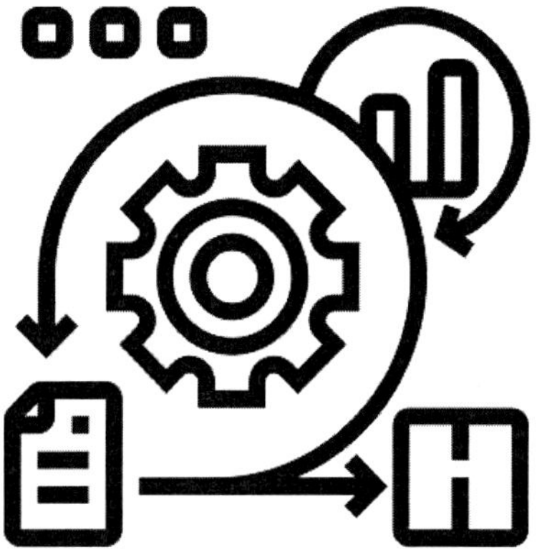

워크북 활동지: 실전 문서이해와 정보 추출

1. 아래 '공지문'을 읽고, 제시된 질문에 답을 적어 보세요.

> [학과 공지]
>
> • 제목: 2025년 2학기 강의평가 시행 안내
>
> • 대상: 전체 재학생
>
> • 내용: 2학기 강의평가를 아래와 같이 실시하오니, 참여 바랍니다.
>
> ① 평가기간: 2025년 11월 25일(화) 09:00~12월 10일(수) 23:59
>
> ② 참여방법: 학사정보시스템 → 강의평가 메뉴 클릭
>
> ③ 주의사항: 강의평가 미참여 시 성적조회 제한
>
> 교무처장

(1) 다음 항목에 맞춰 공지문에서 핵심 정보를 적어 보세요.

① 문서의 목적 : ________________________________

② 평가 기간 : ________________________________

③ 참여 방법 : ________________________________

④ 주의사항 : ________________________________

⑤ 발신부서 : ________________________________

(2) 이 문서에서 놓치기 쉬운 정보(예시: 성적조회 제한, 평가 기간의 구체적인 날짜 등):

____

2. 다음 중 문서를 읽고 정보를 정확히 추출한 경우로 적절한 것은?
   ① 공지문을 읽었으나 날짜를 확인하지 않고 평가를 놓쳤다.
   ② 작업지시서를 보고 안전장비 없이 작업을 시작했다.
   ③ 공지문을 읽고 평가 기간과 방법을 확인한 뒤 학사정보시스템에 접속했다.
   ④ 업무지시 날짜만 확인하고 담당자가 누군지 모른 채 작업을 미뤘다.

3. 다음 중 문서이해를 위해 가장 먼저 해야 할 행동으로 적절한 것은?
   ① 글 전체를 읽기 전에 본인의 해석대로 행동한다.
   ② 글에 나오는 낯선 단어를 먼저 사전에서 모두 찾는다.
   ③ 문서의 제목, 작성일, 발신자 등 기본 정보를 먼저 파악한다.
   ④ 문서가 길면 중간부터 읽고 끝까지 보지 않아도 된다.

4. 다음 중 문서를 읽고 핵심 정보를 올바르게 정리한 경우는 어느 것인가?
   ① 안전수칙 안내문에서 실험 전 장비 점검 내용을 확인하지 않고 바로 실험을 시작했다.
   ② 고객요청서에서 고객 이름과 연락처를 확인하지 않고 문제만 파악했다.
   ③ 회의자료를 읽고 안건과 결과를 요약하여 회의록으로 정리했다.
   ④ 내부 공지문을 읽고 대상이 전 직원임에도 불구하고 일부 직원에게만 전달했다.

2. ③　3. ③　4. ③

나의 문서이해능력 종합 점검하기

※ 아래 각 문항을 읽고, 자신에게 해당하는 정도에 V 표시를 해 보세요.[3]

번 호	내 용	그렇다	보통이다	아니다
1	나는 공지사항이나 지시문을 읽고 핵심 내용을 파악한다.			
2	나는 표나 도표의 정보를 정확히 해석한다.			
3	나는 문서의 목적과 주요 내용을 구분한다.			
4	나는 계약서 · 규정에서 필요한 부분을 확인한다.			
5	나는 문서의 지시사항을 실제 행동으로 옮긴다.			

채점 방법: 그렇다=3점, 보통이다=2점, 아니다=1점

총점: ________점 / 15점

해석:

- 13~15점: 수업에서 학습한 문서이해능력을 잘 습득하여 다양한 문서를 정확히 분석 · 활용할 수 있습니다.
- 10~12점: 문서이해능력의 기본은 익혔으나, 세부 내용 파악과 핵심 요약을 위

3) 본 자기점검표는 「NCS 의사소통능력 학습모듈: 문서이해능력」(한국직업능력연구원, 2020) 및 「K-CESA 핵심 역량 진단체계」(교육부 · 한국교육개발원, 2018)를 참고하여 새롭게 구성하였다.

해 문단별 요약 작성, 키워드 표시, 주요 문장 밑줄 긋기와 같은 훈련이 필요합니다.

- 9점 이하: 문서이해능력을 충분히 적용하지 못했으므로, 반복 학습과 실제 문서(공지문, 지시문, 계약서) 읽기 훈련이 필요합니다.

학습정리

1. 문서이해능력의 개념

문서이해능력은 업무 문서를 읽고 핵심 정보를 파악하여 적절한 판단과 행동으로 연결하는 역량이다. 또한 단순 독해를 넘어 문서의 목적과 맥락을 정확히 이해하고, 이를 직무 수행에 적용할 수 있는 사고력과 분석력을 포함한다.

2. 문서이해능력의 중요성

문서이해능력은 대부분의 업무가 문서를 기반으로 이루어지기 때문에 중요하다. 이를 제대로 이해하지 못하면 업무 실수, 일정 지연, 품질 저하, 고객 불만으로 이어지며, 반대로 정확히 이해하면 업무 효율성과 신뢰성을 높일 수 있다.

3. 문서의 종류와 특징

문서의 종류는 공문서, 설명서(매뉴얼), 보도자료, 보고서, 작업지시서, 회의자료 · 회의록, 제안서(기획서), 자기소개서, 고객요청서 등으로 구분된다. 각 문서는 목적 · 형식 · 구성요소가 다르므로 문서의 특징을 이해해야 적절히 작성 · 활용할 수 있다.

4. 문서를 이해하는 4단계 절차

문서를 이해하는 절차는 '① 문서 목적 파악 → ② 전체 구조 훑기 → ③ 핵심 정보 추출 → ④ 행동 및 판단'의 네 단계로 이루어진다. 이 절차를 따르면 문서를 빠르고 정확하게 이해할 수 있다.

5. 실전 문서이해와 정보 추출

실전 문서이해와 정보 추출은 공지문, 내부공지, 작업지시서, 회의자료 · 회의록, 안전수칙, 이메일, 고객요청서 등 실제 문서를 대상으로 한다. 이를 반복적으로 훈련하면 문서에서 핵심 정보를 신속하게 찾아내어 실수를 줄이고 업무 효율을 높일 수 있다.

제3장

문서작성능력

01 개요와 학습 목표

개 요

- 문서작성능력은 업무의 목적에 맞게 내용을 체계적으로 구성하고, 명확하고 간결한 표현으로 정보를 효과적으로 전달하는 역량이다.
- 직장에서는 기안서, 보고서, 회의록, 이메일, 제안서 등 다양한 문서를 상황에 맞게 작성해야 하며, 이는 단순한 작문이 아니라 효과적인 업무 수행을 위한 핵심 역량이다.
- 정확하고 설득력 있는 문서작성은 상급자, 동료, 고객 등 다양한 이해관계자에게 신뢰를 주며, 조직의 원활한 의사소통과 신속한 의사결정에도 기여한다.
- 따라서 문서의 목적과 구조를 이해하고, 상황에 맞는 양식과 표현을 선택할 수 있는 역량이 중요하다.

학습 목표

1. 문서작성능력의 개념과 직무 수행에서의 중요성을 설명할 수 있다.
2. 문서의 목적과 상황에 따라 체계(제목, 서론, 본론, 결론)를 갖추고, 알맞은 표현 방식을 적용할 수 있다.
3. 문서작성의 기본 원칙과 형식을 설명하고 실무에 적용할 수 있다.
4. 다양한 유형의 실무 문서(기안서, 보고서, 회의록, 이메일 등)를 작성할 수 있다.
5. 문서를 통해 정보를 명확히 전달하고, 상대방에게 신뢰를 주는 표현 방법을 활용할 수 있다.

02 문서작성능력의 개념과 중요성

1) 문서작성능력의 개념

문서작성능력은 직무 수행 과정에서 필요한 정보나 의사를 문서 형식으로 정확하고 명확하게 표현하는 역량이다. 이는 단순히 글을 잘 쓰는 능력을 넘어, 목적에 부합하는 형식과 논리적 구조, 정중하고 실용적인 표현을 통해 업무의 흐름을 원활히 하고, 조직 내외의 소통을 효과적으로 이루어내는 핵심 역량이다. NCS에서는 문서작성능력을 "업무 목적에 따라 다양한 문서를 작성하고, 이를 통해 정보를 효과적으로 전달할 수 있는 능력"으로 정의한다.

2) 문서작성능력의 중요성

직장에서 이루어지는 대부분의 소통은 문서를 통해 진행된다. 보고서, 회의록, 이메일, 협조문 등은 조직 운영과 의사결정의 기반이 된다. 문서작성이 정확하지 않으면 혼선과 신뢰 하락을 초래한다. 문서작성능력이 업무에서 중요한 이유는 다음과 같다.

(1) 조직 내 소통의 기반

업무지시, 보고, 요청, 회의록, 협조문 등 대부분의 업무 소통은 문서로 이루어진다. 문서 표현이 모호하거나 불완전하면 오해와 혼선이 발생할 수 있다.

예시: "○○ 업체에 회신 요망" → "홍길동 대리에게 7월 5일 오후 3시까지 이메일로 회신 바랍니다."

(2) 신뢰 형성과 이미지 제고

맞춤법이나 표현 오류 없이 간결하고 격식을 갖춘 문서는 작성자의 전문성과 조직의 신뢰도를 높인다. 특히 외부 기관이나 고객에게 전달되는 문서는 기업이나 기관 전체의 이미지를 좌우할 수 있다.

예시: "이거 좀 해주셈요~." → "수고스럽지만, ○○ 업무를 검토해주시길 부탁드립니다."

(3) 업무의 기록과 증빙

문서는 업무 내용과 결정 사항을 공식적으로 남기는 기록물로, 향후 문제가 발생했을 때 책임 소재를 확인하고 업무 이력을 추적할 수 있는 근거가 된다.

예시: "전화로 얘기했잖아요." → "2025년 7월 4일자 보고서 제3항에 해당 내용이 명시되어 있습니다."

(4) 효율적 협업과 연계

명확한 문서는 다음 업무 담당자에게 정보를 정확히 전달함으로써 협업을 원활하게 하고, 연속적인 업무 진행에 기여한다.

예시: "그건 나중에 알아서 처리하세요." → "7월 10일까지 점검 후 이상 여부를 보고서에 기록해 주세요."

3) 실무에서의 예시

상 황	결 과
거래처에 보낸 이메일 제목을 '문의'라고만 작성	수신자가 내용을 놓치고 답변 지연
회의록에 결정사항을 빠뜨림	후속팀 혼란 발생, 재회의로 시간 낭비
외부 기관에 정중하고 간결한 협조문을 작성	신뢰 구축과 협업 성사

문서작성능력의 개념과 중요성을 정리하면, 아래와 같다.

문서작성능력은 단순한 글쓰기 기술이 아닌, 정보를 정리하고 구조화하며 정확하게 전달하는 역량이다. 직장에서의 성공적인 의사소통은 대부분 문서를 통해 이루어지며, 명확하고 효율적인 문서작성능력은 조직의 신뢰와 성과를 높이는 핵심 요소다.

워크북 활동지: 문서작성능력의 개념과 중요성

1. 아래 질문에 대해 자신의 경험을 떠올리며 간단히 적어 보세요

(1) 최근에 자신이 직접 문서를 작성한 경험이 있는지 떠올려 보세요. 예를 들어, 보고서나 신청서, 자기소개서 등을 작성한 일이 있다면, 어떤 문서였는지 설명하고, 그 과정에서 가장 어려웠던 점은 무엇이었는지도 함께 적어 보세요.

① 직접 작성한 문서의 종류:

---

② 문서작성에서의 어려웠던 점:

---

(2) 자신이 작성한 문서가 제대로 전달되지 않거나 오해를 불러온 경험이 있다면 적어 보세요. 그 원인은 무엇이었고, 어떻게 개선할 수 있었을지도 함께 생각해 보세요.

① 자신이 작성한 문서가 제대로 전달되지 않아 오해를 불러온 경험:

---

② 오해를 부른 원인:

③ 개선 방안:

2. 다음은 실무 현장에서 문서작성능력이 왜 중요한지를 보여주는 예시이다. 이 상황에서 필요한 문서작성능력이 무엇인지 적어 보세요.

   ① A 학생은 현장실습 기간 중 작업지시 내용을 요약해 팀장에게 보고서를 제출해야 한다(예시: 보고서 작성 능력-지시 내용을 요약·정리하여 문서 형식에 맞게 작성하는 능력):

   ② B 직원은 고객 응대를 위해 이메일을 작성하고, 회사의 제품 사용법을 정확히 전달해야 한다(예시: 고객 안내용 문서작성 능력-이메일로 명확하고 친절하게 정보를 전달하는 능력):

3. 자신의 문서작성능력을 키우기 위해 실천할 수 있는 방법을 적어 보세요. (예시: 이메일 작성 시 제목부터 내용을 차례로 정리하는 습관을 들이겠다.)

____

____

4. 다음 문장이 맞으면 ○, 틀리면 ×를 표시하세요.
   ① 문서작성능력은 말하기나 듣기보다 중요도가 낮다. (　)
   ② 업무용 문서는 누구나 쉽게 이해할 수 있도록 명확하게 작성되어야 한다. (　)
   ③ 문서에는 목적과 상황에 맞는 표현, 구성, 형식이 필요하다. (　)

5. 다음 중 문서작성능력의 중요성에 대한 설명으로 가장 적절한 것은?
   ① 말로 전달하면 되므로 문서로 정리하는 일은 시간 낭비이다.
   ② 문서는 업무 책임을 회피하기 위한 도구에 불과하다.
   ③ 문서는 기록으로 남아 업무 정확성과 소통을 돕는다.
   ④ 작성 형식보다 내용이 중요하므로 자유롭게 작성해도 무방하다.

4. X O O　5. ③

03 상황과 목적에 맞는 문서작성 원리

1) 문서작성능력에서 상황과 목적의 중요성

문서작성능력은 단순히 정보를 나열하는 것이 아니라, 정확한 전달과 적절한 반응 유도를 목적으로 한다. 이를 위해 작성자는 '누구에게, 어떤 상황에서, 무엇을 위해' 문서를 작성하는지를 반드시 고려해야 한다.

① 상황(Situation): 공식 보고인가? 비공식 메모인가? 위기 상황인가? 일상적 업무 보고인가?

② 목적(Purpose): 정보를 전달하는가? 요청하는가? 설명하는가? 설득하는가?

상황과 목적을 파악하지 못하면, 장황한 문장이나 부적절한 표현으로 인해 오해를 불러일으키거나 불필요한 질문을 유발할 수 있다.

2) 상황별 문서작성 방식의 차이

같은 내용을 전달하더라도 '누구에게, 어떤 상황'에서 작성하느냐에 따라 문서의 형식과 어조는 달라진다. 아래에서는 대표적인 상황별 문서작성 방식을 살펴본다.

작성 대상과 상황	문서의 특징	표현 예시
상사에게 보고	객관적, 간결, 사실 중심	○○ 건에 대해 다음과 같이 보고드립니다.
고객에게 안내	정중한 표현, 정확한 정보 제공	불편을 드려 죄송합니다. 다음과 같이 조치하였습니다.
동료에게 협조 요청	명확하고 협조적인 어조	다음 일정에 대해 확인 부탁드립니다.

3) 목적에 따른 문서 구성 원리와 주의점

목 적	문서 구성 원리	주의할 점
정보 전달	전달할 내용을 '서론, 본론, 결론'의 구조로 핵심 정보부터 명확히 제시한다. (핵심 정보 위주) 예시: 행사 일정은 다음과 같습니다. → 날짜, 장소, 시간의 순서로 정리	정보가 빠지거나 불분명하면 오해가 생길 수 있다. '누가, 언제, 어디서, 무엇을, 어떻게, 왜'에 대한 정보를 빠짐없이 담아야 한다. (내용 누락 금지)
요청	간단한 배경 설명 후 요청 내용을 구체적으로 제시하고, 기대 효과를 덧붙인다. (배경 → 요청 → 기대 효과) 예시: ○○ 지원을 요청드립니다. 이 조치는 ○○ 문제 해결에 도움이 됩니다.	단순히 부탁하는 것이 아니라, 왜 필요한지, 어떤 도움이 되는지를 설명해야 설득력이 생긴다. 무례하거나 명령처럼 들리지 않도록 주의해야 한다. (정중함 유지)
설득	'문제 상황 → 해결책 제안 → 기대 효과 강조'의 순서로 구성한다. (문제 제기 → 대안 제시 → 기대 효과 강조) 예시: 현재 ○○ 문제가 있으며, 이를 해결하기 위해 ○○ 방안을 제안드립니다.	주장만 나열하면 설득력이 떨어진다. 수치, 사례, 근거 등을 활용해 신뢰감을 주어야 한다. (근거 · 자료 활용)
보고	진행된 일의 경과를 순서대로 정리하고, 결과나 조치 사항을 명확히 전달한다. (경과 → 원인 → 결과 · 조치) 예시: ○월 ○일에는 ○○이 진행되었고, 현재는 ○○ 상태입니다.	개인 의견은 배제하고 사실 중심으로 서술해야 한다. 시간 순서와 논리적 흐름에 따라 정리하면 이해를 돕는다. (사실 중심 서술)

4) 문체와 어조 조절의 원리

같은 내용이라도 어떤 문체와 어조를 사용하느냐에 따라 전달 효과가 크게 달라진다. 따라서 상황과 독자에 맞는 문체와 어조 선택이 문서 전달 효과를 좌우한다.

① 격식 문서(공문서, 기안서 등): "~입니다.", "다음과 같이 보고드립니다."

② 비격식 문서(메모, 내부 메시지 등): "확인 부탁드려요.", "이건 오늘까지 처리해야 합니다."

③ 정중한 표현: "불편을 끼쳐드려 죄송합니다.", "확인해 주시면 감사하겠습니다."

④ 단호한 표현: "기한 내 미제출 시 불이익이 발생할 수 있습니다."

5) 실무에서의 예시

① 적절한 예시: 6월 25일 기준, 고객 불만 접수 건수는 총 12건으로 전월 대비 30% 감소하였습니다. → 사실 · 수치 · 날짜 중심으로 객관적이고 명확하게 보고

② 부적절한 예시: 요즘은 그런 일이 별로 없던 것 같은데요, 아무튼 고객 불만이 좀 줄었어요. → 추측 · 모호한 표현 · 구어체 사용으로 문서적 신뢰성 부족

상황과 목적에 맞는 문서작성 원리를 정리하면, 아래와 같다.

문서를 작성하기 전에 상황과 목적을 먼저 파악하고, 누가 읽을지(독자), 어떤 행동을 유도할지(목적)에 따라 문서의 형식, 어휘, 어조가 달라져야 한다. 동일한 내용도 공식 상황에서는 격식 있게, 일상 상황에서는 간결하고 친근하게 표현해야 한다.

워크북 활동지: 상황과 목적에 맞는 문서작성 원리

1. 다음 문서작성이 필요한 상황을 읽고, 문서가 어떤 목적을 가지고 작성되는지 간단히 추론해 보세요.

상 황	문서의 목적은 무엇인가요?
부서 회식비를 회사 예산으로 지원받기 위해 문서를 작성 중이다.	예시: 비용 지원 요청
신입생 환영 행사를 기획하고자 담당 교수님께 기획서를 제출하려고 한다.	
실험 장비의 잦은 고장을 보고하기 위해 보고서를 작성하려 한다.	

2. 아래 문장을 읽고, 주어진 목적에 알맞은 문장의 표현인지 O 또는 X로 판단해 보세요.

목 적	문 장	판 단
협조 요청	귀 부서의 협조를 간곡히 부탁드립니다.	
항의, 불만 제기	귀사 제품에 심각한 결함이 있어 환불을 요구합니다.	
단순 정보 전달	2025년 9월 30일 오후 2시에 회의가 예정되어 있습니다.	
감사 표시	귀하의 도움에 깊이 감사드립니다.	

3. 같은 내용이라도 [상황]에 따라 [표현] 방식은 달라질 수 있습니다. 아래 [상황]을 읽고, 제시된 두 [표현] 중 더 적절한 [표현]을 선택한 뒤, 그 이유를 간단히 적어 보세요.

> [상황]
> 교수님께 자료 제출 기한 연기를 요청하려 할 때
>
> [표현]
> A: 과제가 너무 많아 도저히 기한을 못 맞추겠어요. 좀 더 여유를 주시면 안 될까요?
> B: 제출 기한 연기를 정중히 요청드립니다. 사유는 병행 과제의 일정 중복으로 인한 준비 부족입니다.

① [표현]의 선택:

② 선택한 이유:

4. 다음에 제시된 [상황의 예시] 중 하나를 선택해 보세요. 선택한 상황에 맞춰 그 문서의 작성 목적, 주요 내용, 문체의 방향(어조나 표현 방식)을 간단히 적어 보세요.

[상황의 예시]

① 동아리 활동비 지원 요청

② 실습 기업 방문 협조 요청

③ 기한 연기 요청

④ 감사 이메일

항 목	작성 내용
상 황	
문서의 작성 목적	
주요 내용	
문체의 방향	

5. 아래 [기안서 내용]을 읽고, 전달력이 떨어지는 이유와 문서의 문제점을 각각 적어 보세요.

[기안서 내용]

우리는 좀 그런 게 필요해서 이거 사야 한다고 생각합니다. 빨리 결재 부탁드려요.

① 전달력이 떨어지는 이유(이 문서가 독자에게 제대로 전달되지 않는 원인):

② 문서의 문제점(내용, 표현, 형식 등에서 개선되어야 할 점):

---

6. 다음 중 '설득'을 목적으로 한 문서의 구성 방식으로 가장 적절한 것은 무엇인가?
   ① 배경 설명 → 요청 내용 제시 → 기대 효과 강조
   ② 문제 제기 → 대안 제시 → 기대 효과 강조
   ③ 경과 정리 → 원인 분석 → 결과와 조치 전달
   ④ 서론 → 본론 → 결론으로 핵심 정보 요약

7. 다음 중 '공식 보고' 상황에서 부적절한 문서표현은 무엇인가?
   ① ○○ 건에 대해 다음과 같이 보고드립니다.
   ② 6월 25일 기준, 고객 불만 접수 건수는 총 12건입니다.
   ③ 요즘은 그런 일이 별로 없던 것 같은데요, 아무튼 고객 불만이 좀 줄었어요.
   ④ 현재 ○○ 문제가 있으며, 이를 해결하기 위해 ○○ 방안을 제안드립니다.

6. ② 7. ③

04 문서작성능력의 원칙과 형식

문서작성능력은 단순한 글쓰기와 다르다. 직무 현장에서의 문서는 정확하게, 명확하게, 효율적으로 전달되어야 하며, 그 내용은 실제 업무 수행과 직결된다. 따라서 작성자는 몇 가지 핵심 원칙과 형식을 바탕으로 문서를 구성해야 하며, 이를 통해 실수를 줄이고, 신뢰를 높이며, 원활한 소통을 이끌 수 있다.

1) 문서작성능력의 기본 원칙

문서작성에는 여러 가지 원칙이 있지만, 특히 현장에서 가장 중요하게 고려해야 할 요소는 정확성, 간결성, 일관성, 가독성, 표현의 적절성이다. 아래에서는 이 다섯 가지 원칙을 구체적으로 살펴본다.

(1) 정확성

사실에 근거한 정보를 제공하고, 수치나 날짜 등은 오류 없이 기재한다.

예시: 회의일시-6월 30일(금) 오후 2시 → 정확히 확인된 일정

(2) 간결성

불필요한 수식이나 반복 없이 핵심 내용을 중심으로 작성한다.

예시: "본 건에 대해 말씀드리고자 합니다." → "본 건을 보고드립니다."

(3) 일관성

문서 내에서 용어, 날짜 표기, 서식 등이 일관되게 유지한다.

예시: '2025년 6월 30일', '2025. 6. 30.' 등 혼용 → 하나로 통일

(4) 가독성

문단 구분, 항목 나눔, 글머리표 등을 활용하여 읽기 쉽게 구성한다.

예시: ① 목적, ② 절차, ③ 주의사항 등으로 항목화

(5) 표현의 적절성

객관적이고 정중한 표현을 사용하며, 모호하거나 책임을 회피하는 표현은 피한다.

부적절한 표현	적절한 표현
그냥 하면 됩니다.	작업 지침에 따라 1~3단계를 차례로 진행합니다.
대충 정리해 주세요.	핵심 항목 중심으로 간략하게 정리해 주세요.
모르겠지만…	추후 확인 후 다시 안내드리겠습니다.

2) 문서의 기본 형식 구성

직무에서 자주 활용되는 대부분의 문서는 다음과 같은 기본 요소를 포함한다.

(1) 제목

문서의 핵심 내용을 간결하게 요약하여 제목으로 제시한다.

예시: 하계 실습 일정 변경 안내

(2) 수신자 또는 발신 정보

문서를 받는 대상이나 발신 주체를 명확하게 표기한다.

예시: 학생지원팀 귀하

(3) 본문

문서의 주된 내용은 서론, 본론, 결론의 구조로 체계적으로 정리한다.

① 서론: 작성 배경 또는 목적

② 본론: 구체적인 내용과 항목별 설명

③ 결론: 요청 사항이나 대응 방법 등을 제시

예시: 본 행사는 7월 10일에 진행되며, 주요 프로그램은 다음과 같습니다.

(4) 첨부 자료(해당 시)

본문 내용을 보완하는 자료를 함께 첨부한다.

예시: 일정표, 예산서, 통계표, 사진 등(해당 시 포함)

(5) 날짜 및 결재란

문서작성일과 결재자 서명을 명확하게 기재한다. 공문서 · 기안서 등에서는 필수 요소이다.

예시: 작성일 2025년은 6월 30일이며, 결재는 팀장, 부장, 원장의 순서로 진행 된다.

3) 문서 유형에 따른 기본 형식 예시

각 문서 유형은 목적과 상황에 따라 작성 방식이 달라진다. 따라서 아래 표를 통해 문서 유형별 기본 형식을 이해하고, 실제 작성 시 참고할 수 있다.

문서 유형	기본 형식
공문서	제목, 수신자, 본문, 발신처, 결재란
보고서	제목, 목적, 현황, 분석, 결론 및 제안
기안서	제목, 요청 사항, 필요 사유, 결재란
회의록	일시, 참석자, 안건, 논의 내용, 결정 사항
이메일	제목, 수신자, 인사말, 본문, 맺음말, 서명

4) 실무에서의 예시

① 적절한 예시: “6월 24일까지 실습 참가자 명단을 제출해 주시기 바랍니다.” 이는 기한과 요청을 구체적이고 정중하게 제시하여 실무에 바로 적용할 수 있다.

② 부적절한 예시: “그때쯤까지 대충 리스트 내면 돼요.” 이는 기한과 표현이 모호하고 비격식적이어서 신뢰성과 효율성을 떨어뜨린다.

문서작성능력의 원칙과 형식을 정리하면, 아래와 같다.

문서는 조직의 얼굴이므로 정확성, 간결성, 일관성, 가독성, 표현의 적절성을 갖추어야 한다. 문서의 형식을 숙지하고 목적에 맞게 구조화하면 전달력과 신뢰도가 높아진다. 특히 문서는 제목, 수신자, 본문, 첨부, 날짜 및 결재란 등 기본 요소를 포함해야 하며, 문서 유형에 따라 형식과 표현 방식이 달라진다. 이러한 원칙과 형식은 단순한 글쓰기와 달리 실무 성과와 직결되므로, 반복 학습과 실습을 통해 누구나 향상시킬 수 있다.

워크북 활동지: 문서작성능력의 원칙과 형식

1. 아래 질문에 대해 자신의 생각을 적어 보세요.

(1) 최근에 읽거나 작성한 문서 중에서 이해하기 어려웠던 문서는 무엇이었나요? 그 문서가 왜 이해하기 어려웠는지 이유를 적어 보세요.

① 이해하기 어려웠던 문서:

② 이해하기 어려웠던 이유:

(2) 아래와 같은 일상 표현은 문서에서 사용하기에 다소 부적절할 수 있습니다. 각각의 표현을 정중하고 명확한 문서 표현으로 바꾸어 보세요.

예시: 빨리 해 주세요. → ○월 ○일까지 처리해 주시기 바랍니다.

① 아무 때나 보내 주세요.

---

② 어떻게든 해결해 보세요.

---

2. 아래 [회의록]의 문서에서 각 항목에 해당하는 내용을 표에 맞춰 적어 보세요.

[회의록]

- 일시: 2025년 8월 12일(화) 14:00~15:30
- 장소: 본사 3층 대회의실
- 참석자: 김현수 부장, 이민정 차장, 박재훈 대리, 최수연 사원
- 안건: 2025년 하반기 마케팅 캠페인 계획
- 회의 내용 요약:
  ① 온라인 광고 예산 확대(전년 대비 20% 증액)
  ② SNS 채널별 맞춤형 콘텐츠 제작 필요성 검토
  ③ 오프라인 행사 개최 여부 논의(11월 예정)
- 결정 사항:
  ① 광고 예산 증액안 확정, 8월 말까지 상세 집행 계획 수립
  ② SNS 콘텐츠 제작은 외주 업체와 8월 20일까지 계약 진행
  ③ 오프라인 행사는 내부 일정 조율 후 9월 초 최종 결정
- 작성자: 최수연 사원

항 목	내 용
일 시	
장 소	
참석자	
안 건	
결정 사항	
작성자	

3. 아래 문장을 읽고, 더 명확하고 간결하게 바꾸어 적어 보세요.

이런 사유로 인해 작업이 좀 늦어질 수도 있을 것 같기도 해서 알려드리는 바입니다.

---

4. 다음 중 문서작성의 기본 원칙에 해당하지 않는 것은?

① 정확성 ② 일관성

③ 주관성 ④ 간결성

5. 다음 중 문장의 가독성이 가장 높은 문장은?

① 2025년 하계 실습계획서를 제출 바랍니다.

② 실습계획서 제출 기한은 6월 30일(금)까지입니다.

③ 제출은 나중에 가능할 수도 있습니다.

④ 아마 그때까지 내시면 될 겁니다.

4. ③ 5. ②

05 효과적인 문서작성능력

효과적인 문서작성능력은 단순히 글을 잘 쓰는 것을 넘어서, 독자가 문서를 쉽게 이해하고, 작성자의 의도를 정확히 파악하여 행동이나 판단으로 연결될 수 있도록 하는 글쓰기 방식을 말한다. 목적과 독자에 맞춰 명확하고 간결하게 정보를 전달하는 것이 핵심이다. 즉, 문서작성의 목적을 분명히 하고, 독자와 상황에 맞게 내용을 구성하는 것이 중요하다. 이러한 원리를 구체적으로 살펴보면 다음과 같다.

1) 목적 중심의 글쓰기

문서를 작성할 때 가장 먼저 고려해야 할 것은 문서를 쓰는 목적이다. 목적에 따라 포함할 정보와 표현 방식이 달라진다.

예시:

① 공지문: 일정 안내, 행동 유도

② 보고서: 상황 분석, 결과 정리

③ 자기소개서: 역량 어필, 동기 부여

2) 독자 고려

문서의 독자, 즉 수신자에 따라 표현 방식을 달리해야 한다. 누가 읽는지를 고려하면 문서의 전달력과 설득력이 높아진다.

예시:

① 상급자: 간결하고 정중한 문체

② 고객: 친절하고 명확한 표현

③ 동료: 실용적이고 실수 없는 전달 중심

3) 구조화된 구성

문서는 서론, 본론, 결론의 구조를 갖추어 작성해야 한다.

(1) 서론(머리)

문서의 목적과 배경을 간단히 소개한다.

(2) 본론(몸)

핵심 내용과 그에 대한 근거를 구체적으로 설명한다.

(3) 결론(꼬리)

전체 내용을 요약하고, 요청 사항이나 향후 행동 지시를 명확히 전달한다.

예시: 2025학년도 1학기 실습 현황 보고서

① 서론(머리): 본 보고서는 실습 참여 현황을 파악하고자 작성됨

② 본론(몸): 참여 인원, 실습 장소, 만족도, 개선사항을 구체적으로 제시

③ 결론(꼬리): 실습 결과를 바탕으로 2학기 개선 방안을 제안

4) 명확하고 간결한 표현

불필요한 수식이나 중복 표현은 줄이고, 핵심 정보(숫자, 날짜, 조건 등)는 구체적으로 제시한다.

예시:

① 빠른 시일 내 → 2025년 7월 15일(화)까지

② 다양한 의견이 있었다. → 회의 참가자 8명 중 6명이 찬성

5) 시각적 가독성

표, 목록, 강조 표시 등을 활용하여 한눈에 핵심 정보가 보이도록 한다. 또한 필요한 경우 글머리 기호, 번호, 줄바꿈 등을 활용한다.

예시: 작업 전 체크사항

① 보호 장비 착용

② 장비 이상 여부 확인

③ 작업 장소 주변 정리

6) 맞춤법과 문장 흐름 점검

문법적으로 정확하고 읽기 쉬운 문장은 문서의 신뢰도를 높인다. 작성 후에는 오탈자와 문장 흐름을 반드시 점검해야 한다.

예시:

① 잘못된 문장: 내일은 회의가 <u>있읍니다</u>.
   올바른 문장: 내일은 회의가 <u>있습니다</u>.

② 잘못된 문장: 보고 내용이 길고 <u>복잡해서 이해가 어렵다</u>.
   올바른 문장: 보고 내용이 길고 <u>복잡하여 이해하기 어렵다</u>.

효과적인 문서작성능력을 정리하면, 아래와 같다.

효과적인 문서작성능력을 위해 다음 요소들을 고려해야 하며, 이러한 요소들을 적용해 문서를 작성하면, 정보 전달력과 업무 신뢰도가 모두 향상될 수 있다.

① 목적 인식: 전달하고자 하는 핵심은 무엇인가?

② 독자 고려: 누구에게 쓰는가? 어투는 어떤가?

③ 구조화: 서론(머리), 본론(몸), 결론(꼬리)의 3단 구성

④ 명확성: 날짜, 수치 등 구체적으로 표현

⑤ 간결성: 짧고 이해하기 쉬운 문장

⑥ 가독성: 표, 목록, 줄 바꿈 등 시각적 구분 활용

⑦ 문법성: 맞춤법과 문장 흐름 점검

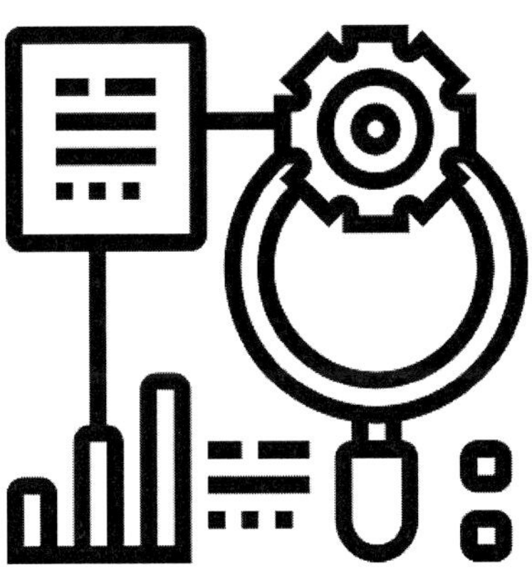

워크북 활동지: 효과적인 문서작성능력

1. 아래 문장을 읽고, 더 효과적인 문장으로 바꾸어 보세요.

   ① 일정은 향후 변동될 가능성이 있으니 참조하여 확인 부탁드립니다.

   ____

   ____

   ② 작업에 앞서 준비사항을 미리 검토하여 주시기 바랍니다.

   ____

   ____

2. 아래 [상황]에 알맞은 문서의 기본 구조(서론, 본론, 결론)를 간단히 적어 보세요.

[상황]
학과 학생회가 신입생 환영회를 기획하고, 지도교수에게 협조 공문을 작성하려고 합니다.

   ① 서론(머리):

   ____

② 본론(몸):

---

③ 결론(꼬리):

---

3. 다음 중 문서작성 시 가장 먼저 고려해야 할 것은 무엇인가?
   ① 문서에 들어갈 숫자 확인
   ② 맞춤법 점검
   ③ 작성 목적과 대상 인식
   ④ 표나 그림 삽입 여부

4. 다음 중 '효과적인 문서작성'을 위한 표현으로 가장 적절한 것은 무엇인가?
   ① 빠른 시일 내에 보고서를 제출해 주세요.
   ② 회의는 2025년 7월 15일(화) 오전 10시에 본관 회의실에서 진행됩니다.
   ③ 다양한 의견이 있었는데, 대체로 긍정적인 반응이었습니다.
   ④ 보고 내용이 너무 길고 복잡해서 이해가 어렵습니다.

3. ③ 4. ②

나의 문서작성능력 종합 점검하기

※ 아래 각 문항을 읽고, 자신에게 해당하는 정도에 V 표시를 해 보세요.[4]

번 호	내 용	그렇다	보통이다	아니다
1	나는 문서를 작성할 때 목적과 독자를 고려한다.			
2	나는 문장을 간결하고 명확하게 작성한다.			
3	나는 날짜와 수치를 구체적으로 표기한다.			
4	나는 맞춤법과 띄어쓰기를 점검한다.			
5	나는 표, 줄바꿈, 목록을 활용해 가독성을 높인다.			

채점 방법: 그렇다=3점, 보통이다=2점, 아니다=1점

총점: ________점 / 15점

해석:

- 13~15점: 수업에서 배운 문서작성능력을 잘 활용하여 실무 문서를 효과적으로 작성할 수 있습니다.
- 10~12점: 문서작성능력의 기본은 이해했으나, 보완을 위해 짧은 글쓰기 과제,

4) 본 자기점검표는 「NCS 의사소통능력 학습모듈: 문서작성능력」(한국직업능력연구원, 2020) 및 「K-CESA 핵심 역량 진단체계」(교육부 · 한국교육개발원, 2018)를 참고하여 새롭게 구성하였다.

문서작성 후 맞춤법 · 구조 점검, 동료 피드백 받기 등의 훈련이 필요합니다.

- 9점 이하: 문서작성능력을 충분히 적용하지 못했으므로, 반복적인 실습과 작성 후 피드백 · 수정 훈련이 필요합니다.

학습정리

1. 문서작성능력의 개념

문서작성능력은 목적에 맞게 내용을 체계적으로 구성하고, 명확하고 간결한 표현으로 독자가 쉽게 이해하도록 하는 능력이다. 이는 단순히 글을 쓰는 기술이 아니라, 업무를 수행하는 중요한 도구이며 조직 안팎의 소통을 이루는 기본이 된다.

2. 문서작성능력의 중요성

문서작성능력은 기안서, 보고서, 회의록, 이메일, 제안서 등은 업무에서 자주 활용된다. 이를 정확하고 효과적으로 작성하는 능력은 상사, 동료, 고객과의 신뢰 형성과 원활한 협력에 직접적으로 기여한다.

3. 상황과 목적에 맞는 문서작성 원리

효과적인 문서는 '누구에게, 무엇을, 왜 전달하는가'를 명확히 인식하는 데서 출발한다. 문서의 목적에 따라 내용 구성과 표현 방식이 달라지고, 수신자에 따라 어조 · 문체 · 형식이 달라져야 한다. 이러한 원리를 이해하고 상황과 목적에 맞게 조정하는 능력은 실무에서 매우 중요하다.

4. 문서작성능력의 원칙과 형식

좋은 문서는 ① 목적이 분명하고, ② 구조가 논리적이며, ③ 표현이 정확하고 공손하며, ④ 맞춤법과 문장 흐름이 자연스럽다. 또한 문서 유형(예시: 보고서, 공문, 이메일 등)에 맞는 형식과 구성요소를 익히면 전달력과 실무 활용도가 높아진다.

5. 효과적인 문서작성능력

효과적인 문서작성능력은 단순히 글을 잘 쓰는 것이 아니라, 목적을 분명히 하고 독자와 상황에 맞게 내용을 구성하며, 명확하고 간결하게 표현하는 능력을 말한다. 또한 서론 · 본론 · 결론의 구조화, 가독성 확보, 맞춤법과 문장 흐름 점검이 필요하다. 이러한 원리를 적용하면 문서의 전달력과 업무 신뢰도를 높일 수 있다. 나아가 이러한 원칙들은 실제 직무 문서(공지문, 보고서, 이메일 등)를 작성하는 반복적이고 체계적인 실습을 통해 더욱 효과적으로 습득할 수 있으며, 이는 곧 현장 대응력과 업무 수행 능력 향상으로 이어진다.

제 4장

경청능력

01 개요와 학습 목표

개 요

- 경청능력은 상대방의 말을 단순히 듣는 것을 넘어, 말의 의미, 의도, 감정까지 적극적으로 이해하고 반응하는 역량이다.
- 이는 단순한 듣기가 아닌, 집중력, 공감력, 비언어적 의사표현에 대한 민감성이 함께 작용하는 복합적인 소통 역량이다.
- 경청능력은 직장 내 소통, 고객 응대, 팀 프로젝트, 상담, 면접 등 모든 대인관계와 협업 상황의 기초 역량이자, 의사소통에서 핵심 요소이다.

학습 목표

1. 경청능력의 정의와 개념을 이해하고, 단순한 듣기와 경청의 차이를 설명할 수 있다.
2. 경청능력이 직무 수행, 대인관계, 조직문화에서 중요한 이유를 구체적인 예시와 함께 설명할 수 있다.
3. 효과적인 경청을 위한 집중하기, 비언어적 신호 파악, 공감적 반응 등을 익히고 실천할 수 있다.
4. 회의, 면담, 고객 민원 응대 등 상황별 경청 방식을 구분하고, 실제 상황에 적용할 수 있다.
5. 자신의 경청 습관을 점검하고 개선점을 인식하고 실천 계획을 세울 수 있다.

02 경청능력의 개념과 중요성

1) 경청의 개념

경청(Active Listening)은 말 그대로 귀 기울여 듣는 것을 의미한다. 단순한 듣기(Listening)가 들리는 소리를 받아들이는 수동적 듣기 행위라면, 경청은 상대방의 말에 집중하며 그 의미와 감정까지 이해하려는 적극적(능동적) 듣기 행위이다.

일반적으로 경청은 아래와 같은 행동을 포함한다.

① 말하는 사람을 바라보고 집중하기

② 상대방의 말 중 핵심어, 의도, 감정을 파악하기

③ 끼어들지 않고 끝까지 듣기

④ 고개 끄덕이기, 눈맞춤, 맞장구 등 비언어적 반응을 보이기

⑤ 잘 이해되지 않는 부분은 질문하거나 확인하기

2) 경청능력의 개념

경청능력은 단순히 잘 듣는 태도를 넘어서, 주어진 상황에서 상대방의 말을 주의 깊게 듣고 의도와 감정을 정확히 이해하며, 이에 적절히 반응하는 종합적인 소통 역량이다. NCS에서는 경청능력을 "대화 상대방의 말을 주의 깊게 듣고, 상대방의 의도와 감정을 이해하는 능력"으로 정의한다. 따라서, 경청능력은 언어적 · 비언어적 수단을 활용해 듣기 과정을 적극적으로 수행함으로써, 오해와 갈등을 줄이고, 신뢰를 형성하며, 업무와 대인관계에서 효과적인 의사소통을 가능하게 하는 핵심 역량이다.

3) 경청능력의 중요성

경청능력은 직무 수행, 인간관계, 조직문화 형성의 기반이 되는 핵심 소통 역량이다. 상대방의 말을 주의 깊게 듣고 이해해야 오해와 갈등을 줄이고 신뢰를 형성할 수 있다. 경청능력이 필요한 이유를 구체적으로 정리하면 다음과 같다.

(1) 오해와 갈등을 줄임

경청을 통해 의사전달의 오류를 줄이고, 잘못된 추측이나 감정을 피할 수 있다.

예시: 동료의 불만을 끝까지 들은 뒤 → 감정이 누그러져 갈등 완화

(2) 신뢰 관계 형성

상대방이 내 말을 들어준다는 인식은 신뢰로 이어진다.

예시: 고객의 불만을 끊지 않고 끝까지 경청 → 고객 신뢰 상승

(3) 업무 정확성 향상

업무지시나 정보를 놓치지 않고 정확히 이해하게 된다.

예시: 상사의 설명을 정확히 듣고 수행 → 오류 감소

(4) 표현력 향상에 기여

올바른 경청은 상대방을 이해한 뒤 자신의 생각을 명확하고 설득력 있게 전달하도록 도와 표현력 향상에 기여한다.

예시: 회의 중 상대방의 의견을 경청 후 발언 → 설득력 강화

(5) 집단 내 협업 촉진

구성원 간 의견 수용과 존중을 통해 팀워크가 좋아진다.

예시: 팀 프로젝트에서 경청 → 빠른 합의 도출

4) 듣기와 경청의 차이점

구 분	듣 기	경 청
정의	들려오는 소리를 단순히 인식하는 수동적 듣기	말의 내용과 감정을 이해하려는 적극적 듣기

구 분	듣 기	경 청
특징	집중이 약하고 반응이 거의 없음	눈맞춤, 고개 끄덕이기, 질문 등 반응이 포함
예시	친구가 고민을 말하지만 흘려듣기만 함	친구의 고민을 눈을 바라보며 듣고 질문함

5) 실무에서의 예시

상 황	결 과
고객 상담 중 고객의 설명을 끝까지 듣지 않고 끼어듦	불친절하다는 불만 제기
동료의 아이디어를 메모하며 경청	새로운 해결책 도출 및 업무 개선
팀 프로젝트에서 모두의 의견을 경청한 뒤 요약	빠른 의사결정 가능

경청능력의 개념과 중요성을 정리하면, 아래와 같다.

경청은 단순히 듣는 것을 넘어, 말하는 사람의 의도와 감정을 이해하려는 적극적 듣기 행위이다. 이는 상대방을 바라보며 집중하고, 끼어들지 않고 끝까지 듣고, 비언어적으로 반응하며, 이해가 어려운 부분은 확인하는 등 구체적 행동을 포함한다. 경청능력은 이러한 경청 행위를 효과적으로 수행하여 오해와 갈등을 줄이고, 신뢰를 형성하며, 업무의 정확성과 협업 효과를 높이는 핵심 소통 역량이다. 단순한 듣기와 달리, 경청은 의사소통의 시작점이자, 관계와 성과를 동시에 향상시키는 적극적 소통 태도이다.

워크북 활동지: 경청능력의 개념과 중요성

1. 아래 [상황]을 읽고, 적절한 경청 방법을 작성해 보세요.

> [상황]
>
> 한 팀원이 "이번 프로젝트 일정이 너무 빠듯해서 밤을 새워야 할 것 같아. 솔직히 너무 부담된다"라고 말했다.

① 이 말을 들었을 때, 올바른 경청 태도를 서술한다(예시: 상대방의 말을 끊지 않고 끝까지 듣는다, 표정 · 말투를 살펴본다 등):

---

② 상대방에게 나타낼 수 있는 언어적 · 비언어적 반응을 구체적으로 적는다(예시: 고개 끄덕이기, "많이 힘들겠구나"라고 말한다 등):

---

2. 경청 경험을 떠올리며 나의 경청 태도를 점검해 보세요. 최근 누군가의 말을 집중해서 경청한 경험이 있다면 그 상황과 그 결과를 정리해 보세요. 반대로, 경청하지 못해 오해나 문제가 생긴 경험이 있다면 함께 정리해 보세요. 마지막으로, 내가 더 좋은 경청자가 되기 위해 앞으로 실천할 점은 무엇인지 생각해 보세요.

① 내가 집중해서 경청한 경험(언제, 누구와의 대화였는지, 어떤 내용이었는지, 경청이 어떤 긍정적 결과로 이어졌는지):

② 경청하지 못해 오해나 문제가 생긴 경험(어떤 상황이었는지, 어떤 오해나 실수가 있었는지, 그 경험에서 배운 점은 무엇인지):

③ 좋은 경청자가 되기 위한 나의 실천 방법:

3. 다음 중 경청능력의 정의로 가장 적절한 것은?
   ① 말하는 사람의 말을 끊지 않고 듣는 태도
   ② 고개를 끄덕이며 듣는 외적인 행동
   ③ 상대방의 말을 주의 깊게 듣고, 말의 의미와 감정까지 이해하려는 태도
   ④ 대화 중 자기 생각을 정리할 시간을 확보하는 태도

4. 다음 중 경청능력의 효과로 보기 어려운 것은?
   ① 오해 예방
   ② 신뢰 형성
   ③ 감정 통제
   ④ 발표력 향상

5. 다음 중 경청능력이 필요한 상황으로 가장 적절한 것은?
   ① 회의에서 발표 내용을 녹음하는 상황
   ② 친구와 전화하면서 동시에 다른 업무를 처리하는 상황
   ③ 고객의 불만을 듣고 문제를 정확히 파악해 응대하는 상황
   ④ 상대방의 말이 끝나기 전에 자신의 주장을 펼치는 상황

3. ③ 4. ④ 5. ③

03 경청능력의 훈련과 방법

1) 경청능력 훈련의 필요성

많은 사람은 듣는 것은 자연스러운 행동이라고 생각하지만, 진정한 경청능력은 연습과 의지가 필요한 능동적 소통 기술이다. 경청능력은 단순히 소리를 듣는 것이 아니라, 말의 의미를 이해하고 감정까지 공감하며 듣는 능력이다. 이를 위해서는 습관적인 반응을 줄이고, 집중과 관심을 기르는 훈련이 필요하다.

2) 경청능력 훈련의 실천 방법

경청능력은 반복적인 훈련을 통해 향상된다. 집중하기, 요약하기, 공감하기, 질문하기, 피드백 주기와 같은 방법을 꾸준히 실천하면, 단순히 듣는 수준을 넘어 상대방의 생각과 감정을 제대로 이해하는 능력을 기를 수 있다. 이를 실천할 수 있는 구체적인 훈련 방법은 다음과 같다.

(1) 집중 듣기 훈련

① 상대방의 눈을 바라보며 시선을 맞춘다.

② 마음속 잡생각을 멈추고, 현재 대화에만 집중한다.

③ 핸드폰이나 주변 소음 등 시각적 · 청각적 방해 요소를 차단한다.

④ 예시: 친구의 고민을 들을 때 휴대폰을 내려놓고 눈을 바라보며 경청한다.

(2) 요약하기 훈련

① 들은 내용을 짧게 정리해 말한다.

② 상대방에게 "내 말을 잘 이해하고 있구나"라는 인식을 준다.

③ 예시: "그러니까 너는 이번 실습이 기대되지만, 동시에 걱정도 된다는 말이지?"

(3) 공감적 경청 훈련

① 말하는 사람의 감정에 집중해, 내용뿐 아니라 분위기, 표정, 억양까지 함께 파악한다.

② 감정을 공감어로 되돌려 표현한다.

③ 예시: “그 일 참 속상했겠다.”, “나라도 마음이 힘들었을 것 같아.”

(4) 질문하기 훈련

① 이해되지 않는 부분은 부드러운 질문으로 확인하며 대화를 이어간다.

② 공격적이거나 단정적 · 비판적인 질문은 피한다.

③ 예시: “그때 너는 어떻게 느꼈어?”, “그 상황에서 다른 선택은 어려웠을까?”

(5) 피드백 훈련

① “고개 끄덕이기”, “응”, “그랬구나” 등의 반응을 통해 경청하고 있다는 신호를 보낸다.

② 적절한 피드백은 말하는 사람의 말에 집중하고 있음을 보여주는 중요한 경청 태도이다.

③ 예시: 친구가 실습 경험을 이야기할 때 고개를 끄덕이며 “그랬구나, 정말 열심히 했네”라고 반응한다.

3) 경청능력을 방해하는 요소

방해 요소	의 미
자기중심적 사고	내 생각에만 집중하여 상대방의 말에 관심을 두지 않음
조급함	말을 끝까지 듣지 않고 중간에 판단하거나 끼어듦
편견	선입견으로 인해 상대방의 말을 왜곡되게 받아들임
감정 개입	분노, 불쾌감 등 감정 때문에 상대방의 말을 수용하지 못함

방해 요소	의 미
조언하기	상대방이 충분히 말하기 전에 성급하게 해결책이나 충고를 제시하여, 말할 기회를 줄이고 진심 어린 공감을 방해함
짐작하기	상대방의 말을 끝까지 듣지 않고 내용을 미리 추측하거나 결론을 내림으로써, 실제 의도와 다르게 이해하거나 잘못 판단함

4) 일상에서 실천 가능한 경청 훈련법

아래와 같은 훈련을 꾸준히 반복하면, 경청능력이 자연스럽게 향상되고, 인간관계는 물론 협업이나 고객 응대 등 다양한 실무 상황에서도 큰 도움이 된다.

① 하루에 한 번, 누군가의 말을 5분 이상 끊지 않고 듣기
예시: 친구의 이야기를 듣는 동안 말하지 않고 끝까지 경청하기

② 상대방의 말을 요약해 다시 말해 보기
예시: 그러니까 네 말은 이번 일정이 부담스럽다는 거지?

③ 감정을 공감하는 표현을 말로 전달하기
예시: 그 말 들으니 속상했겠다.

④ 하루 중 내가 잘 들은 상황과 그렇지 못한 상황을 기록하는 경청 일기 쓰기
예시: 저녁에 하루 동안의 대화를 돌아보며 노트에 기록하기

경청능력의 훈련과 방법을 정리하면, 아래와 같다.

경청능력은 단순히 듣는 것이 아니라 의미와 감정을 이해하는 능동적인 기술이며, 꾸준한 연습과 노력이 필요하다. 상대방의 말을 집중해서 듣고, 내용을 요약하며, 공감 표현과 적절한 질문, 피드백을 통해 소통을 깊게 한다. 일상에서 방해 없이 5분 이상 듣기, 경청 일기 쓰기 등을 반복 훈련하면 경청능력이 크게 향상된다.

워크북 활동지: 경청능력의 훈련과 방법

1. 아래 문장을 읽고, 부적절한 경청 습관을 찾아 수정해 보세요.

그거 별일 아니잖아. 그냥 잊어버려.

2. 아래의 문장을 읽고, 친구가 말한 내용을 요약해 보세요.

어제 팀 과제 발표가 있었는데, 자료가 늦게 준비돼서 너무 당황했어. 발표 중에 질문도 어려웠고… 내 실수 같아서 자꾸 마음에 걸려.

3. 아래 상황을 읽고, 적절한 경청 훈련 방법을 작성한다.

① 친구가 실습 경험을 이야기하는데 집중하지 못하고 자꾸 다른 생각이 들 때, 효과적인 집중 듣기 방법은(예시: 휴대폰을 책상에 내려놓고 친구의 눈을 바라보며 "응, 계속 말해줘"라고 하면서 다른 생각을 멈추고 집중한다.):

② 동료가 "요즘 프로젝트가 힘들다"고 말했을 때, 공감적 경청을 실천하는 반응은(예시: 고개를 끄덕이며 "많이 힘들었겠구나. 네가 얼마나 고생하는지 이해돼." 라고 말한다.):

③ 상사의 업무지시가 잘 이해되지 않을 때, 적절한 질문하기 방법은(예시: "부장님, 말씀해주신 일정 조정 부분을 구체적으로 어느 날짜까지로 하면 될까요?"라고 정중히 묻는다.):

④ 팀 회의에서 나온 의견을 놓치지 않기 위해 활용할 수 있는 정보 정리 방법은(예시: "○○ 안건은 A팀이 담당, △△ 안건은 금요일까지 보고"와 같이 핵심 키워드를 메모장에 적고, 회의 후 간단히 요약문을 작성한다.):

4. 다음 중 올바른 경청 태도로 보기 어려운 것은 무엇인가요?

① 말하는 사람과 눈을 마주치며 듣는다.

② 상대방이 다 말하기 전에 말을 끊고 내 의견을 말한다.

③ 고개를 끄덕이거나 “응”, “그래” 등 피드백을 준다.

④ 이해가 안 되는 부분은 부드럽게 질문한다.

5. 아래 문장을 읽고, 해당되는 경청 방법을 선택해 보세요.

그래서 지금 마음이 많이 복잡하겠구나. 나라도 그랬을 것 같아.

① 집중 듣기

② 요약하기

③ 공감적 경청

④ 질문하기

4. ② 5. ③

04 감정과 의도를 이해하는 경청능력

상대방의 말을 잘 듣는 것만큼 중요한 것은, 말 뒤에 숨겨진 감정과 의도를 이해하는 것이다. 표정, 말투, 몸짓 등 비언어적 의사표현에는 말로 표현되지 않은 진심이 담겨 있는 경우가 많다. 이러한 감정과 의도를 읽는 능력은 공감적 소통의 핵심이며, 직장생활이나 인간관계에서 중요한 역량으로 작용한다.

1) 감정과 의도의 이해가 중요한 이유

상대방의 감정과 의도를 이해하는 것은 단순히 말의 내용을 파악하는 것 이상으로 중요하다. 그 이유를 몇 가지 측면에서 살펴볼 수 있다.

(1) 오해 예방

때로는 말의 내용보다 감정이 더 중요한 의미를 가질 때가 있다. 상대방의 의도를 제대로 읽지 못하면 작은 대화도 쉽게 오해로 이어져 갈등을 만들 수 있다.

(2) 공감과 신뢰 형성

감정을 이해하고 이에 맞게 반응하면, 상대방은 '내가 이해받고 있구나'라는 느낌을 받는다. 이러한 경험은 신뢰를 쌓고 관계를 더욱 긍정적으로 발전시키는 데 큰 역할을 한다.

(3) 문제 해결

겉으로는 "괜찮다"라고 말하더라도 표정이나 태도에서 불편한 감정이 드러날 수 있다. 이런 신호를 민감하게 알아차리면 갈등이 커지기 전에 조정할 수 있어 문제 해결에 도움이 된다.

2) 감정과 의도를 파악하는 방법

감정과 의도를 파악하는 능력은 단순한 직감이 아니라 구체적인 관찰과 이해에서

비롯된다. 비언어적 신호, 말의 맥락, 감정 어휘, 그리고 확인 질문을 활용하면 상대방의 진심을 보다 정확하게 이해할 수 있다. 다음은 이를 실천할 수 있는 대표적인 방법이다.

(1) 비언어적 신호 관찰

"괜찮아"라고 말하면서도 눈을 피하고 한숨을 쉬는 동료가 있다면, 실제로는 괜찮지 않을 수 있다. 이처럼 말의 내용보다 비언어적 신호가 감정을 더 정확하게 전달하는 경우가 많다.

(2) 맥락과 강조 파악

"이번 일은 네가 꼭 해야 해"라는 말은, 상황에 따라 의무 강조, 기대, 부담 전가 등 다양한 의도로 해석될 수 있다. 따라서 말의 내용뿐 아니라 말하는 상황과 맥락을 함께 고려해야 진짜 의미를 파악할 수 있다.

(3) 감정 어휘 인식

'화났다', '불안하다', '서운하다', '당황스럽다', '기쁘다'와 같은 감정 어휘를 주의 깊게 듣고, 그에 맞는 반응을 적절히 표현해야 한다. 감정 어휘를 정확히 인식하는 것이 매우 중요하다.

(4) 확인 질문 활용

"지금 좀 불편하신 건가요?", "혹시 마음에 걸리는 부분이 있으세요?"처럼 부드러운 질문을 사용하면, 단순한 추측보다 더 정확하게 감정과 의도를 파악할 수 있다.

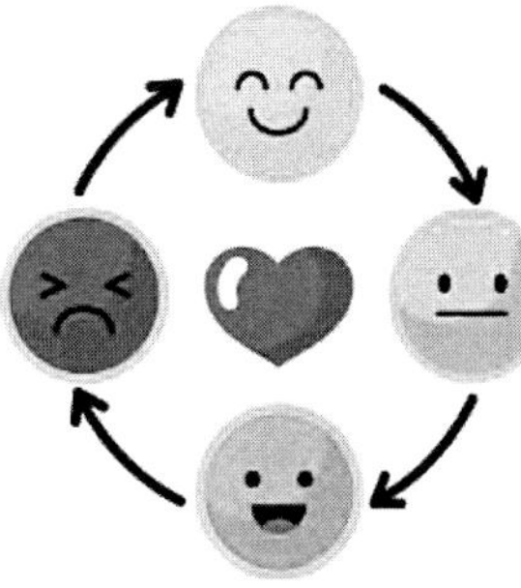

3) 실무 상황별 예시

상 황	감정과 의도	적절한 반응
고객이 말은 정중하지만, 목소리가 높아짐	불만, 화남	불편을 끼쳐드려 죄송합니다. 어떤 부분이 가장 불편하셨나요?
동료가 "괜찮아"라고 했지만, 표정이 굳음	서운함, 불쾌	혹시 내가 무례하게 행동했니? 불편했다면 말해줘.
상사가 "이번엔 네가 해봤으면 좋겠어"라고 말함	믿음, 부담	기회를 주셔서 감사합니다. 책임감 있게 해 보겠습니다.
팀원이 아이디어를 제시하며 눈치를 보는 모습	불안, 인정받고 싶음	좋은 의견이야. 조금 더 구체적으로 설명해 줄래?
면접관이 미소 지으며 고개를 끄덕이기	호감, 관심	제 경험을 긍정적으로 봐주셔서 감사합니다.
고객이 "덕분에 큰 도움이 됐어요"라고 말함	감사, 만족	도움이 되었다니 저도 기쁩니다. 또 필요하시면 말씀해 주세요.

감정과 의도를 이해하는 경청능력을 정리하면, 아래와 같다.

구 분	핵심 내용	설 명
감정과 의도의 이해가 중요한 이유	오해 예방	숨은 감정을 인식하면 불필요한 갈등을 미연에 방지
	공감과 신뢰 형성	감정에 맞는 반응으로 신뢰와 관계 안정 강화
	문제 해결	표면적 언행 뒤의 불편함을 찾아 조기 해결 가능

구 분	핵심 내용	설 명
감정과 의도를 파악하는 방법	비언어적 신호 관찰	표정, 몸짓, 말투 등으로 감정을 더 정확히 파악
	맥락과 강조 파악	말의 상황 · 강조된 표현 · 배경을 함께 고려
	감정 어휘 인식	화남, 불안, 기쁨 등 감정 어휘를 정확히 인식
	확인 질문 활용	"불편하신 건가요?"처럼 부드럽게 확인
실무 상황별 예시	고객 응대	목소리 톤 · 표정으로 불만을 파악하고 사과 · 해결 방안 제시
	동료 관계	말과 표정이 불일치할 때 서운함 등 숨은 감정 확인 후 대화 시도
	상사 지시 상황	의도의 긍정 요소 또는 부담 요소를 파악해 수용 의사와 책임감 전달
	팀원 제안 상황	불안 · 인정 욕구를 읽고 격려와 구체적 설명 요청
	면접 상황	미소, 고개 끄덕이기를 호감 · 관심으로 이해
	고객 감사 표현	감사 인사를 신뢰와 관계 강화 기회로 연결

워크북 활동지: 감정과 의도를 이해하는 경청능력

1. 아래 문장을 읽고, 상대방의 감정과 의도를 생각해 보세요. 이 말에는 어떤 감정이 담겨 있는지 적어 보고, 그 사람이 실제로 전하고자 하는 바도 함께 적어 보세요. (예시: 화남, 무관심, 체념 등)

그래, 네 말대로 해. 나는 상관없어.

① 상대방의 감정과 의도:

② 말에 담긴 감정:

③ 실제 전하고자 하는 의도:

2. 아래 항목 중, 감정과 의도를 더 잘 전달하는 요소는 무엇이라고 생각하나요? 각 항목을 읽고, 자신이 중요하다고 생각하는 순서(㉠~㉢)를 매겨 보세요. 그리고 그렇게 선택한 이유를 간단히 적어 보세요.

㉠ 말의 내용 ㉡ 말하는 톤과 속도 ㉢ 표정과 시선

① 선택 순서: ______, ______, ______

② 선택 이유:

---

3. 최근 누군가의 감정을 제대로 읽지 못해 소통이 어려웠던 경험이 있다면 떠올려 보세요. 아래 질문에 따라 그 상황을 적어 보세요.

① 그때 내가 놓친 감정 신호나 비언어적 의사표현을 적어 보세요(예시: 상대방의 표정, 말투, 몸짓 등을 미처 인식하지 못함):

---

② 앞으로 비슷한 상황이 생긴다면, 어떻게 소통 방식이나 반응을 바꿀 수 있을지 적어 보세요(예시: 더 주의 깊게 관찰하거나, 상대방의 감정을 직접 확인하는 질문하기):

____

____

4. 다음 중 감정과 의도를 읽는 데 도움이 되지 않는 행동은?
   ① 상대방의 말만 듣고 판단한다.
   ② 표정, 억양, 몸짓 등을 함께 관찰한다.
   ③ 상황과 맥락을 고려한다.
   ④ 눈을 맞추고 고개를 끄덕이는 등 반응을 보인다.

5. 다음 중 감정과 의도를 정확히 파악하기 위해 가장 필요한 태도는 무엇인가?
   ① 상대방의 말이 끝나기도 전에 자신의 의견을 말한다.
   ② 자신의 경험에 비추어 상대방의 말을 단정 짓는다.
   ③ 상대방의 표정, 몸짓, 말투를 종합적으로 관찰한다.
   ④ 기계적으로 고개를 끄덕이며 대화에 반응한다.

6. 다음 중 감정과 의도를 잘못 해석할 수 있는 상황인 것은?
   ① 상대방이 말하는 속도와 억양에 집중한다.
   ② 상대방의 표정, 몸짓, 시선 등을 유심히 본다.
   ③ 상대방의 말을 끊지 않고 끝까지 경청한다.
   ④ 상대방의 말보다 자신의 기분에 따라 반응한다.

4. ①　5. ③　6. ④

05 다양한 경청능력과 정보 정리

1) 다양한 경청의 유형

경청은 단순히 듣는 것을 넘어서며, 목적과 상황에 따라 다양한 형태로 나타난다. 이러한 경청의 유형을 이해하면, 상황에 맞는 태도를 선택하여 소통의 질을 높일 수 있다. 대표적인 경청 유형을 특징과 예시로 정리하면 아래 표와 같다.

경청 유형	특 징	예 시
수용적 경청	판단하지 않고 상대방의 말을 있는 그대로 받아들이는 태도	친구가 고민을 말할 때, "응", "그랬구나"라고 반응하며 들어준다.
비판적 경청	정보를 분석하며, 옳고 그름이나 타당성을 판단하는 태도	보고서 발표를 듣고 문제점이나 논리적 근거를 파악한다.
공감적 경청	말의 내용뿐 아니라, 말하는 사람의 감정까지 이해하는 태도	동료가 실수 후 속상해할 때, "많이 힘들었겠네"라고 공감해준다.
선택적 경청	전체 내용 중 필요한 정보만 선택하여 집중하는 태도	회의 중 맡은 업무와 관련된 부분만 메모하며 듣는다.

2) 정보 정리의 중요성

경청능력을 발휘한 후에는 정보를 정리하는 과정이 매우 중요하다. 정리된 내용은 실무에 바로 적용할 수 있으며, 기억력 향상과 오해 방지에도 도움이 된다. 정보 정리의 이점은 아래와 같다.

① 들은 내용을 빠르게 복습할 수 있다.

② 필요한 정보를 선별하여 저장할 수 있다.

③ 업무 보고나 회의록 작성 시 유용하다.

④ 팀원 간 정보 공유 시 혼동을 줄일 수 있다.

3) 효과적인 정보 정리 방법

경청을 통해 얻은 정보는 단순히 듣는 데 그치지 않고, 잘 정리해야 의미가 있다. 정보를 정리하면 기억이 오래가고, 필요한 순간에 쉽게 활용할 수 있다. 이를 위해 아래와 같은 방법들을 활용할 수 있다.

(1) 요약하기

핵심 내용만 간단히 정리하며, 육하원칙(누가, 언제, 어디서, 무엇을, 왜, 어떻게)을 활용한다.

(2) 메모하기

경청 중 또는 직후에 핵심 단어나 문장을 간단히 기록한다.

(3) 도식화하기

표, 그림, 마인드맵 등을 활용하여 시각적으로 정리한다.

(4) 정리 문서작성하기

회의록, 일지, 기록지 등 정식 문서 형식으로 구성한다.

4) 다양한 상황에서의 예시

(1) 회의 후: 회의록 정리

회의가 끝난 후에는 안건, 참석자, 결정 사항, 후속 조치 등을 정리하여 회의록으로 정식 문서화한다. 이는 업무 공유와 책임 분담에 도움이 된다.

(2) 상담 중: 고객의 요구사항 메모

상담 도중 고객의 문제 상황, 감정 상태, 구체적인 요청 사항을 메모한다. 이를 통해 고객 응대의 정확성과 만족도를 높일 수 있다.

(3) 실습지도 중: 경청하여 얻은 피드백 요약

실습 현장에서 지도자가 제공한 피드백 내용을 요약해 정리한다. 평가 항목, 조언 내용, 개선점 등을 기록하면 향후 학습과 실무 역량 향상에 도움이 된다.

다양한 경청능력과 정보 정리에 관한 내용을 정리하면, 아래와 같다.

다양한 경청능력과 정보 정리는 전문적인 소통 역량을 키우는 데 핵심적인 역할을 한다. 특히 실무 현장에서는 경청능력 못지않게 정리하고 기록하는 역량이 중요하다. 이는 업무의 정확성과 협업의 효율성을 높이는 데 직접적으로 기여하며, 궁극적으로 조직 내 소통의 질을 향상시키고 문제 발생 가능성을 줄인다.

워크북 활동지: 다양한 경청능력과 정보 정리

1. 아래 상황에 가장 적절한 경청 유형을 [보기]에서 골라 적어 보세요.

[보기]
수용적 경청, 공감적 경청, 비판적 경청, 선택적 경청

① 친구가 가족 문제로 고민을 털어놓을 때: ____________________

② 제품 발표 중 수치의 타당성을 분석할 때: ____________________

③ 상사가 말하는 내용 중 본인 업무만 집중해서 들을 때: ____________

④ 후배의 실수에 대해 감정을 이해하며 조언할 때: ________________

2. 아래는 모의 회의 발언 내용입니다. 핵심 내용을 간략히 적어 보세요.

> 이번 실습 중 장비 조작에서 두 명의 학생이 어려움을 겪었습니다. 특히 3D 프린터 조작에서 문제가 있었으며, 추가 교육이 필요해 보입니다. 다음 주 화요일 오후에 보충 교육을 실시할 예정입니다.

____

____

3. 자신이 일상이나 학교에서 자주 사용하는 경청 유형을 적고, 그 이유와 개선할 점을 적어 보세요.

① 경청 유형:

② 이유:

③ 개선할 점:

4. 아래는 실무 현장에서 지시를 듣고 정리해야 하는 상황이다. 해당 문장을 읽고, 필요한 행동과 주의해야 할 정보를 적어 보세요.

김 부장님께서 다음 주 수요일까지 공정 일정표를 업데이트해서 제출하라고 하셨어요. 그리고 부품 발주도 이번 주 금요일까지 마무리하라고 하셨습니다.

① 해야 할 일:

---

② 이 지시를 듣고 놓치기 쉬운 정보:

---

5. 다음 중 경청 후 정보 정리 방법으로 가장 적절하지 않은 것은?
   ① 핵심 키워드 중심으로 메모한다.
   ② 감정 위주로 내용을 기억한다.
   ③ 도표, 표, 마인드맵을 활용한다.
   ④ 회의록으로 정리하여 공유한다.

6. 다음 중 '공감적 경청'이 가장 필요한 상황은 무엇인가요?
   ① 발표 내용을 듣고 오류를 분석해야 하는 상황
   ② 친구가 감정적으로 힘든 일을 털어놓을 때
   ③ 상사의 업무지시 내용을 빠르게 파악해야 할 때
   ④ 회의 중 요점을 정리하고 기록해야 할 때

5. ② 6. ②

나의 경청능력 종합 점검하기

※ 아래 각 문항을 읽고, 자신에게 해당하는 정도에 V 표시를 해 보세요.[5)]

번 호	내 용	그렇다	보통이다	아니다
1	나는 상대방의 말을 끝까지 경청하고 요점을 정확히 파악한다.			
2	나는 대화 중 방해 요소(스마트폰, 주변 소음 등)에 주의가 분산되지 않는다.			
3	나는 상대방의 말에 적극적으로 반응(고개 끄덕임, 짧은 피드백 등)한다.			
4	나는 상대방의 감정과 의도를 파악하고, 공감하는 태도로 반응한다.			
5	나는 대화 후 상대방이 말한 핵심 내용을 나의 언어로 요약한다.			

채점 방법: 그렇다=3점, 보통이다=2점, 아니다=1점

총점: ________점 / 15점

해석:

- 13~15점: 수업에서 학습한 경청능력을 잘 실천하여 대화와 협력에서 강점을 보일 수 있습니다.
- 10~12점: 경청능력의 기본은 이해했으나, 집중력과 공감적 반응 향상을 위해

5) 본 자기점검표는 「NCS 의사소통능력 학습모듈: 경청능력」(한국직업능력연구원, 2020) 및 「K-CESA 핵심 역량 진단체계」(교육부 · 한국교육개발원, 2018)를 참고하여 새롭게 구성하였다.

눈맞춤 유지, 고개 끄덕이기 · 짧은 반응 사용, 이해되지 않는 부분 질문하기 등의 훈련이 필요합니다.

- 9점 이하: 경청능력을 충분히 적용하지 못했으므로, 반복 학습과 모의 상담 · 고객 응대 시뮬레이션 훈련이 필요합니다.

학습정리

1. 경청의 개념

경청은 단순히 듣는 것을 넘어서, 상대방의 말의 의미와 감정까지 깊이 있게 이해하려는 적극적인 듣기 행위이다. 이는 효과적인 의사소통의 출발점이며, 신뢰와 협력을 형성하는 기반이 된다.

2. 경청능력의 개념

경청능력은 주어진 상황에서 상대방의 말을 주의 깊게 듣고, 그 의도와 감정을 정확히 이해하며, 이에 적절히 반응하는 종합적인 소통 역량이다. 단순히 귀로만 듣는 것이 아니라, 비언어적 의사표현과 맥락까지 고려하여 의미를 파악하고 반응하는 능력을 포함한다.

3. 경청능력의 중요성

경청능력은 오해와 갈등을 줄이고 관계의 질을 향상시키며, 업무의 정확성을 높이는 데 필수적이다. 특히 고객 응대, 협업, 상담, 리더십 등 다양한 직무에서 성공적인 소통을 가능하게 한다. 경청능력이 뛰어날수록 신뢰를 쌓고 원활한 협력을 이끌어낼 수 있다.

4. 경청능력의 훈련과 방법

경청능력은 태도 변화만으로는 부족하며, 반복적인 훈련이 필요하다. 시선 맞추기, 끼어들지 않고 끝까지 듣기, 요약과 확인하기, 공감 표현하기, 질문하기, 피드백 주기 등 구체적인 방법을 실천함으로써 경청 수준을 높일 수 있다. 또한 조급함·편견·감정 개입 등 경청을 방해하는 요소를 줄이는 것이 중요하다.

5. 감정과 의도를 이해하는 경청능력

경청을 할 때는 말의 내용뿐 아니라 비언어적 신호와 맥락을 함께 읽어야 한다. 표정, 억양, 말투, 제스처, 감정 어휘에 주목하고, 필요할 때는 확인 질문을 통해 상대방의 의도를 정확히 파악해야 한다. 이를 통해 줄이고 신뢰를 형성하며, 문제를 조기에 해결할 수 있다.

6. 다양한 경청능력과 정보 정리

경청에는 수용적, 비판적, 공감적, 선택적 경청 등 여러 유형이 있으며, 상황에 맞게 적용해야 한다. 또한 경청 후에는 들은 내용을 요약·메모하거나 도식화·문서화하여 정리하는 과정이 필요하다. 이는 기억력과 활용도를 높이고, 업무 보고나 협업에서 혼선을 줄이며, 실무의 정확성과 협업 효율을 높이는 데 기여한다.

제5장

의사표현능력

01 개요와 학습 목표

개 요

- 의사표현능력은 자신이 알고 있는 정보, 의견, 감정, 요구사항 등을 상황과 상대방에 맞게 명확하고 효과적으로 전달하는 역량이다. 말이나 글을 통해 자신의 생각을 논리적이고 조리 있게 표현하는 역량은 소통의 기본이다.
- 이는 팀워크, 문제 해결, 고객 응대, 리더십 발휘 등 대부분의 직무 수행에서 요구된다.
- 직무 현장에서의 의사표현능력은 단순히 말이나 글의 능숙함을 넘어서는 중요한 역할을 한다.
- 보고서 작성, 회의 발표, 고객 응대, 갈등 조정, 설득 등 다양한 상황과 업무에서 의사표현능력이 요구되며, 이 역량이 부족할 경우 오해, 업무 누락, 관계 갈등 등의 문제를 초래할 수 있다.

학습 목표

1. 의사표현능력의 개념과 중요성을 이해하고, 직무에서의 역할을 설명할 수 있다.
2. 대상과 상황에 따라 자신의 의견을 논리적이고 명확하게 전달할 수 있다.
3. 갈등 상황이나 부정적인 감정을 효과적으로 조율하고 문제 해결에 기여할 수 있다.
4. 설득, 주장, 제안 등 목적에 맞는 방식으로 의사를 표현할 수 있다.
5. 직무상 요구되는 말하기와 글쓰기 방식의 차이를 이해하고, 상황에 맞게 활용할 수 있다.

02 의사표현능력의 개념과 중요성

1) 의사표현능력의 개념

의사표현능력은 자신의 생각, 감정, 정보, 요구사항 등을 상대방에게 효과적으로 전달하는 역량이다. NCS에서는 의사표현능력을 "말이나 글을 통해 자신의 생각이나 느낌을 논리적이고 명확하게 표현하여 효과적으로 의사소통하는 능력"으로 정의한다. 이는 단순히 말을 잘하는 능력이 아니라, 상대방이 정확히 이해할 수 있도록 상황에 맞는 언어와 표현 방식을 선택하는 소통 기술을 의미한다. 의사표현능력은 아래와 같은 다양한 형태로 나타난다.

① 말로 전달(구두 표현, 말하기): 발표, 회의, 상담, 대화, 전화, 고객 응대 등

② 글로 전달(문서 표현, 글쓰기): 보고서, 기안서, 이메일, 채팅, 댓글 등

2) 의사표현능력의 중요성

의사표현능력은 상대방에게 자신의 의도와 정보를 명확히 전달하는 역량으로, 직무 성과와 협업, 대인관계에 직결된다. 의사표현능력이 중요한 이유는 여러 측면에서 확인할 수 있다. 이를 구체적으로 살펴보면 다음과 같다.

(1) 업무 정확성 향상

업무지시나 보고 시 표현이 모호하면, 상대방이 혼동하거나 잘못 이해할 수 있다. 명확한 표현은 실수와 오해를 줄이고 업무의 정확성을 높인다.

예시: "빨리 해 주세요." → "내일 오전 10시까지 제출해 주세요."

(2) 협업 및 조직 의사소통 강화

팀 프로젝트, 회의, 보고, 고객 응대 등 모든 직무에는 협업이 필요하며, 그 중심에는 의사표현능력이 있다. 정확하고 설득력 있는 말하기는 팀워크와 문제 해결력을 높인다.

예시: "제가 그냥 생각한 건데요…" → "이 문제에 대해 저는 이런 해결방안을

제안합니다. 왜냐하면…"

(3) 갈등 예방 및 해결에 도움

감정적으로 표현하거나, 의도를 제대로 전달하지 못하면 갈등이 생긴다. 상대방을 고려한 표현은 불필요한 충돌을 줄인다.

예시: "왜 그렇게밖에 못 했어요?" → "함께 해결 방법을 찾아보면 좋겠습니다."

(4) 자신감 향상과 진로 역량 강화

말하기에 자신감이 생기면, 면접, 발표, 고객 응대 등에서 적극적이고 능동적으로 표현할 수 있다. 의사표현능력은 취업과 진로 선택 시 매우 큰 강점이 된다.

예시: "그냥 이 일 해 보고 싶어서요." → "이 직무에 지원한 이유는 제 전공 경험과 잘 맞고, ○○ 경험이 큰 도움이 될 수 있기 때문입니다."

3) 실무에서의 예시

상 황	결 과
보고서 작성 시 '빨리 처리 요망'만 기재	담당자가 시한을 알 수 없어 혼선 발생
회의에서 "저는 이 방안이 좋다고 생각합니다. 이유는 …"이라고 명확히 표현	설득력 향상
고객 응대 시 "불편을 드려 죄송합니다. 바로 확인 후 안내드리겠습니다"라고 구체적으로 표현	신뢰 회복

4) 의사표현능력의 훈련 방법

많은 학생이 "말하기가 서툴다", "어색하다"라고 느끼지만, 의사표현능력은 훈련을 통해 향상될 수 있는 역량이다. 예를 들어 아래와 같은 훈련을 꾸준히 하면 실력이 향상된다.

① 말할 내용을 미리 구조화하고 요점 정리하기

② 말할 때 상대방의 반응을 살펴보기

③ 말과 글에서 구체적인 수치나 사례를 활용하기

④ 대화 상황에서 피드백을 받거나 거울 앞에서 연습하기

💡 의사표현능력의 개념과 중요성을 정리하면, 아래와 같다.

의사표현능력은 자신의 생각이나 감정을 말이나 글로 명확하고 구체적으로 전달하는 역량이다. 이 능력은 업무의 정확성, 협업의 효율성, 갈등 예방, 진로 준비 등 다양한 직무 상황에서 핵심적인 역할을 한다. 또한 자신감을 높이고 설득력을 강화하여 직무 성과와 취업 경쟁력에도 직접적으로 기여한다. 의사표현능력은 반복적인 훈련을 통해 향상될 수 있으며, 무엇보다 상대방 중심의 표현 태도가 중요하다.

워크북 활동지: 의사표현능력의 개념과 중요성

1. 내가 말한 의도와 다르게 전달되어 오해가 생겼던 경험이 있다면, 아래 질문에 따라 그 상황을 구체적으로 적어 보세요.

① 언제, 누구와, 어떤 상황에서의 대화:

② 내가 사용한 표현이 오해된 부분:

③ 비슷한 상황에서 효과적인 표현:

2. 아래 문장을 더 친절하고 구체적이며 논리적으로 바꾸어 적어 보세요.

① 이건 잘못된 것 같아요.

② 바쁘니까 나중에 얘기해요.

③ 그냥 제 생각이에요.

3. 수업, 아르바이트, 동아리 또는 가족 간의 상황에서 의사표현이 잘 이루어졌다고 느낀 경험이 있다면, 아래 질문에 따라 그 상황을 구체적으로 적어 보세요.

① 의사표현이 잘 이루어진 상황(예시: 수업 중 발표, 아르바이트 중 고객 응대, 가족과의 대화 등):

② 의사표현이 잘 이루어진 표현 내용과 방식:

③ 그 표현이 효과적이었던 이유:

4. 다음 중 의사표현능력의 정의로 가장 적절한 것은?
   ① 자신의 감정을 자유롭게 말하는 능력
   ② 말보다는 행동으로 보여주는 능력
   ③ 자신의 생각이나 감정을 상황에 맞게 조리 있게 전달하는 능력
   ④ 상대방이 먼저 말할 때까지 기다리는 능력

5. 다음 중 의사표현능력이 뛰어난 사람의 특징으로 가장 적절한 것은?
   ① 말을 잘 끊고 자신의 주장을 반복하는 사람
   ② 상대방의 의견을 무시하고 자신의 생각을 강조하는 사람
   ③ 상황과 상대방에 맞추어 조리 있고 명확하게 말하는 사람
   ④ 조용히 듣기만 하고 자신의 의견은 잘 말하지 않는 사람

6. 다음 중 의사표현능력의 중요성으로 보기 어려운 것은?
   ① 오해를 줄이고 원활한 소통이 가능하다.
   ② 직무나 업무 상황에서 신뢰를 형성할 수 있다.
   ③ 자신의 감정을 숨기고 표현하지 않는 습관이 형성된다.
   ④ 협업과 팀워크에서 효과적인 역할 분담이 가능하다.

4. ③ 5. ③ 6. ③

03 상황과 대상에 따른 효과적인 의사표현능력

1) 상황과 대상에 따라 달라지는 의사표현능력

의사표현능력은 단순히 내 생각을 말하는 것이 아니라, '누구에게, 어떤 상황에서, 어떤 방식으로 말하느냐'에 따라 적절하게 달라져야 한다. 같은 내용이라도 대상이 교수님인지 친구인지, 상황이 공식 회의인지 사적인 대화인지에 따라 표현 방식은 크게 달라질 수 있다. 따라서 먼저 상황과 대상에 따라 어떻게 달라지는지를 살펴보자.

(1) 상황에 따른 의사표현

상 황	표현 특징	예시 문장
공식적인 상황 (보고, 회의 등)	정확하고 논리적인 표현 · 존댓말 사용 · 간결한 전달	본 건에 대한 보고를 드리겠습니다.
비공식 상황 (친구와 대화 등)	편안하고 자연스러운 표현 · 유머 가능 · 친밀감 강조	야, 오늘 그 얘기 들었어?
갈등 상황 (오해, 불만 등)	감정을 자제하고, 사실 중심 · 비난 대신 '나 전달법' 사용	제가 느끼기엔 이런 점이 조금 불편했습니다.
요청 상황 (부탁, 협조 등)	상대방의 입장을 고려 · 구체적 요청 · 정중한 표현 사용	혹시 이 부분을 내일까지 도와주실 수 있을까요?

(2) 대상에 따른 의사표현

대 상	표현 예시
교수, 상사	공손하고 명확한 언어 · 상황 중심 설명
동료, 친구	공감과 존중 · 협조적인 태도 · 열린 질문 활용
고객, 민원인	경청 + 명확한 안내 · 친절한 태도 · 책임감 있는 표현
낯선 사람, 외부인	자기소개 포함 · 목적 설명 명확 · 예의 갖춘 표현

(3) 효과적인 의사표현능력 전략

① '나 전달법'(I-message) 사용

상대방을 비난하지 않고, 자신의 감정과 생각을 중심으로 표현하는 방식이다.

예시: "당신은 왜 그런 말을 해요?" → "저는 그런 말을 들으니 당황스러웠어요."

② 경청을 바탕으로 말하기

상대방의 말을 경청한 후 반응하면, 신뢰와 공감 형성에 효과적이다.

예시: "그건 아닌 것 같아요." → "말씀하신 내용을 이해했습니다. 그 부분은 제가 다시 확인하겠습니다."

③ 목적과 핵심을 분명히 말하기

말의 길이보다, 핵심을 빠르게 전달하는 것이 중요하다.

예시: "그건 제가 좀 어려울 것 같기도 하고…" → "저는 이 보고서를 내일까지 마감하기 어렵습니다. 하루 더 시간을 주실 수 있을까요?"

상황과 대상에 따른 효과적인 의사표현능력을 정리하면, 아래와 같다.

상황과 대상에 따른 효과적인 의사표현능력은 공식적일수록 논리성과 정중함을, 사적일수록 공감과 자연스러움을 중시한다. 갈등 상황에서는 '나 전달법'을, 요청 상황에서는 구체적이고 정중한 표현을 사용하는 것이 바람직하다. 또한 교수 · 상사, 동료 · 친구, 고객 · 외부인 등 대상별로 태도를 달리해야 하며, 모든 상황에서 감정 조절 · 경청 · 목적 중심 표현이 기본 원칙이다.

워크북 활동지: 상황과 대상에 따른 효과적인 의사표현능력

1. 아래 [보기]의 상황 중 하나를 선택하고, 그 상황에서 어떤 방식으로 의사표현을 할지 구체적으로 적어 보세요. 말의 내용, 표현 방식, 전달 방법을 함께 고려해 보세요. (표현 방식 예시: 어투 · 높임말 · 말의 속도, 전달 방법 예시: 직접 · 간접 · 비언어적)

[보기]
상사에게 건의사항을 전달할 때 동료에게 실수를 지적할 때 고객에게 불편을 사과할 때

2. 효과적인 의사표현을 위해 자신이 개선하고 싶은 말하기 습관이나 태도가 있다면 적어 보세요. 그 이유도 함께 작성해 보세요.

① 개선하고 싶은 말하기 습관이나 태도:

② 이유:

---

3. 최근에 겪은 대화 중, 상대방이 표현을 효과적으로 했다고 느낀 상황을 떠올려 보세요. 어떤 상황이었고, 어떤 표현 방식이 효과적이었나요?

① 어떤 상황:

---

② 효과적인 표현 방식:

---

4. 다음 중 상황에 따라 달라져야 하는 의사표현능력의 요소로 적절하지 않은 것은 무엇인가요?

① 표현의 어투와 높임말
② 전달 속도와 발음
③ 듣는 사람의 나이와 직책
④ 자신의 감정에만 집중한 말하기

5. 아래 [상황]에 가장 적절한 의사표현능력의 방식은 무엇인가요?

[상황]
신입사원이 지각을 반복하고 있다. 팀장으로서 부드럽게 주의를 주고 싶다.

① 엄하게 질책한다.

② 팀 회의 중 공개적으로 지적한다.

③ 따로 시간을 내어 조용히 상황을 설명하고 기대를 말한다.

④ 회사 규정을 복사해 책상 위에 올려둔다.

6. 상황에 맞는 의사표현능력에 해당하지 않는 것은 무엇인가요?

① 연령, 지위, 관계에 따라 말의 높낮이를 조절한다.

② 감정을 우선 표현하고, 논리는 나중에 설명한다.

③ 목적에 따라 말의 구조와 핵심을 달리한다.

④ 공식적인 자리에서는 정중한 표현을 사용한다.

4. ④ 5. ③ 6. ②

04 갈등 상황의 효과적 대응법

1) 갈등의 개념

갈등(Conflict)은 두 사람 이상이 생각, 감정, 이해관계, 가치관 등이 충돌하거나 맞지 않을 때 발생하는 심리적 · 행동적 대립 현상이다. 직장에서는 의견 차이, 책임 전가, 의사소통 부족 등이 원인이 되어 갈등이 자주 발생한다. 예를 들어 "왜 이 일을 나한테 떠넘겨요?", "말도 없이 일정 바꾸면 어떡하죠?"와 같이 감정이 쉽게 개입되며, 이를 제대로 조율하지 않으면 관계 악화, 업무 비효율, 조직 분열로 이어질 수 있다.

2) 갈등 상황의 주요 유형

갈등 유형	설 명	예 시
역할 갈등	역할 범위나 책임이 불명확해 충돌	이건 네 일 아니야?
정보 갈등	사실이나 정보 해석이 달라서 충돌	그렇게 들은 적 없는데요?
관계 갈등	감정, 신뢰 부족에서 오는 갈등	그 사람은 항상 무시해요.
가치관 갈등	신념, 문화, 성격 차이에서 오는 갈등	그건 비윤리적이에요.

3) 갈등의 부정적 영향과 긍정적 기회

부정적 영향	긍정적 기회
스트레스, 불만 증가	서로의 입장을 이해할 수 있음
업무 협력 저하	더 나은 해결책 도출 가능
조직 내 긴장감 증가	관계를 재정립할 기회 제공

4) 갈등 상황의 대처 전략

갈등 상황에서는 감정에 휘둘리지 않고, 상대방을 존중하며 대화하는 태도가 필요하다. 다음은 갈등을 현명하게 대처하기 위한 주요 전략들이다.

(1) 감정 조절

즉각 반응하지 않고, 심호흡하거나 잠시 거리를 둔다. 분노나 서운함을 상대방을 탓하는 방식으로 표현하지 않는다.

예시: "왜 그랬어요?" → "그 상황이 많이 당황스러웠어요."

(2) 사실 확인

갈등의 원인과 오해를 명확히 하고, 사실에 근거한 질문을 사용한다.

예시: "그때 왜 그렇게 말한 거예요?" → "그 말을 하신 의도가 궁금해서요. 어떤 뜻이었나요?"

(3) '나 전달법' 사용

비난 대신, 자신의 감정과 입장을 부드럽게 표현한다.

예시: "너 때문에 짜증나." → "나는 그런 말을 들으니 속상했어."

(4) 공감적 경청

상대방의 말을 끊지 않고 듣고, 말한 내용을 요약하며 확인한다.

예시: “그건 아니죠, 제 말부터 들어보세요.” → “그러니까 OO하셨다는 거군요.”

(5) 해결 중심 대화

문제 원인보다 대안을 함께 모색한다.

예시: “당신이 이걸 망쳤잖아요.” → “이 문제를 앞으로 어떻게 해결하면 좋을까요?”

5) 갈등 상황별 표현

상 황	부정적 표현	긍정적 표현
의견 다툼	그건 말도 안 돼!	다르게 생각하는 이유가 있을까요?
일정 충돌	왜 내게 말 안 했어요?	일정 조정이 필요하면 미리 공유해 주시면 좋겠습니다.
실수 지적	실수 좀 그만해요.	이 부분은 다음에 좀 더 확인해 보면 좋겠습니다.

의사표현능력에서 갈등 상황의 효과적 대응법을 정리하면, 아래와 같다.

갈등을 피하거나 감정적으로 대응하면 상황은 오히려 악화될 수 있다. 따라서 갈등을 대립이 아닌 건설적인 대화의 기회로 전환하는 능력이 중요하다. 이를 위해 감정을 조절하고, 사실을 정확히 확인하며, ‘나 전달법’을 활용해 자기 입장을 부드럽게 표현하고, 공감과 협력을 바탕으로 문제 해결에 접근하는 것이 효과적 대응법의 핵심이다. 또한 부정적 표현을 긍정적 표현으로 바꾸어 말하는 연습을 통해 갈등을 줄이고 신뢰를 형성할 수 있다.

워크북 활동지: 갈등 상황의 효과적 대응법

1. 최근에 겪은 갈등 상황을 떠올려 보세요. 아래 질문에 따라 그 상황을 구체적으로 적어 보세요. (나 전달법, 공감적 경청, 감정 조절 등의 관점에서 생각해 보세요.)

   ① 어떤 상황에서, 누구와의 갈등:

   ____

   ____

   ② 그 갈등의 원인과 나의 반응:

   ____

   ____

   ③ 더 효과적으로 대응하기 위한 방법:

   ____

   ____

2. 갈등이 오히려 관계를 개선하고 더 나은 해결책을 찾는 기회가 될 수 있다고 말합니다. 당신은 어떤 경우에 갈등이 긍정적인 방향으로 작용할 수 있다고 생각하나요? 아래 질문에 따라 실제 경험이나 가상의 상황을 예를 들어 적어 보세요.

① 갈등이 발생한 상황:

② 갈등의 해결 방식과 긍정적인 결과:

③ 이 경험을 통해 배운 점:

3. 갈등이 생기면 당신은 보통 어떻게 반응하나요? 아래 질문을 참고해 자신의 갈등 대처 유형을 살펴보고, 앞으로 더 바람직하게 해결하기 위해 무엇이 필요한지 적어 보세요.

① 갈등 상황에서의 나의 반응(예시: 즉시 해결하려 함, 피하거나 미룸, 감정을 표현하지 않음 등):

② 이러한 반응의 결과:

③ 앞으로 건강하게 갈등을 해결하기 위한 노력할 점:

4. 다음 중 '나 전달법'의 표현으로 가장 적절한 것은 무엇인가?
   ① 왜 또 그랬어?
   ② 당신은 항상 그런 식이야.
   ③ 나는 그 말에 당황스러웠어요.
   ④ 지금 말할 기분 아니야.

5. 갈등 해결을 위한 효과적인 대응 방법으로 적절하지 않은 것은 무엇인가?
   ① 사실을 확인하고, 원인을 찾는다.
   ② 감정이 격해질수록 목소리를 높인다.
   ③ 문제 중심으로 대화한다.
   ④ 상대방의 말을 끊지 않고 경청한다.

6. 다음 중 갈등을 해결하는 해결 중심 대화의 표현으로 가장 적절한 것은?
   ① 앞으로 이런 일 다시 생기면 곤란해요.
   ② 당신이 틀렸다는 걸 알아야 해요.
   ③ 다음에는 어떻게 하면 좋을까요?
   ④ 내 방식이 더 옳다고 생각해요.

4. ③　5. ②　6. ③

05 의사표현능력의 유형과 향상 방법

1) 의사표현의 유형

의사표현능력은 단순히 말로만 이루어지는 것이 아니라, 태도, 표정, 몸짓 등을 포함한 언어적 · 비언어적 수단 전체를 통해 발휘된다. 따라서 효과적인 의사소통을 위해서는 다양한 의사표현의 방식을 이해하고, 상황에 맞게 적절히 활용하는 능력이 필요하다. 대표적인 의사표현의 유형은 다음과 같다.

(1) 단정적 표현(Assertive Expression)

자신의 의견이나 감정을 명확하고 정중하게 표현하는 방식으로, 상대방의 입장을 존중하면서도 자신의 권리를 침해당하지 않도록 하는 의사표현이다.

예시: 이 일정은 조금 촉박하니, 하루 연장 요청을 드리고 싶습니다.

(2) 공격적 표현(Aggressive Expression)

감정을 통제하지 못하고 강압적으로 상대방을 몰아붙이는 방식으로, 갈등을 유발하고 관계를 악화시킬 수 있는 의사표현이다.

예시: 왜 그렇게밖에 못 해요? 무책임하잖아요!

(3) 소극적 표현(Passive Expression)

자신의 의견을 드러내지 않고 참고 넘기는 방식으로, 문제가 반복되거나 감정이 누적되어 스트레스를 유발할 수 있는 의사표현이다.

예시: 아… 그냥 괜찮아요. 제가 할게요.

(4) 비언어적 표현(Nonverbal Expression)

말 이외의 수단(표정, 시선, 자세, 제스처 등)으로 메시지를 전달하는 방식으로, 때로는 말보다 강력한 의미를 전달할 수 있는 의사표현이다.

예시: 고개를 끄덕이는 것 → 동의. 팔짱을 끼는 자세 → 거부감

2) 상황에 따른 의사표현 예시

상 황	부적절한 표현	적절한 표현
고객이 불만을 제기할 시	그건 고객님이 잘못 이해하신 겁니다.	말씀해 주셔서 감사합니다. 확인 후 빠르게 조치하겠습니다.
업무 협업을 요청할 시	시간 없으니까 그냥 해줘요.	제가 시간이 부족한데, 도와주실 수 있을까요?
실수에 대해 사과할 시	그냥 실수잖아요.	불편을 드려 죄송합니다. 같은 일이 반복되지 않도록 주의하겠습니다.

3) 효과적인 의사표현능력 향상 방법

효과적인 의사표현능력은 상황에 맞는 태도와 방법에서 나온다. 다음은 이를 향상시키는 주요 방법들이다.

① 말투와 표정, 태도를 일치시켜 진정성을 보여준다.

② 나 전달법("나" 중심 표현)을 사용해 방어적 반응을 줄인다.

③ 상대방의 말을 끊지 않고 모두 들은 뒤, 적절한 시점에 말한다.

④ 객관적인 사실을 바탕으로 말하되, 감정을 솔직하게 표현한다.

다양한 의사표현의 유형을 정리하면, 아래와 같다.

유 형	요 약
단정적 표현	상대방을 존중하면서 내 입장도 정확히 전달하는 표현
공격적 표현	감정적으로 상대방을 몰아붙이는 표현
소극적 표현	자신의 생각을 말하지 못하고 참는 표현
비언어적 표현	표정, 제스처, 눈빛 등을 통한 표현

워크북 활동지: 의사표현능력의 유형과 향상 방법

1. 아래 [상황]에서 자신의 감정을 '단정적인 표현'으로 바꾸어 적어 보세요. (예시: "다음부터는 늦지 마"처럼 자신의 입장을 분명하고 단호하게 전달하는 표현)

[상황] 친구가 약속 시간에 계속 늦게 오는 것에 대해 불쾌한 감정을 표현하고 싶습니다.

____

____

2. 자신이 최근 겪었던 의사소통 상황 중, 자신의 의사를 명확히 전달하지 못해 어려움을 겪었던 경험이 있다면 적어 보세요. 그리고 그 상황에서 어떤 점을 개선하면 더 효과적인 소통이 되었을지 분석해 보세요. (예시: 표현의 모호함, 상황에 맞지 않는 말투, 설명 부족 등)

① 자신의 의사를 명확히 전달하지 못해 어려움을 겪었던 경험:

____

② 개선을 통한 효과적인 소통:

____

3. 아래 [상황] 중 하나를 선택하여, 그 [상황]에서 비언어적 표현(표정, 몸짓, 눈맞춤, 목소리 톤 등)을 어떻게 활용할 수 있을지 구체적으로 적어 보세요. (예시: 발표 중 시선을 활용하여 청중의 반응을 살핌, 고객에게 고개를 끄덕이며 공감 표현하기 등)

[상황]
① 발표 중 청중의 집중을 유도할 때 ② 고객의 불만을 진지하게 듣는 상황 ③ 동료와 갈등이 생겼을 때 화해를 시도하는 장면

____

____

4. 다음 중 '단정적 표현'의 예로 가장 적절한 것은?
   ① 당신이 틀렸어요. 내가 옳아요.
   ② 전 제 생각이 있는데, 말씀도 듣고 싶어요.
   ③ 아… 그냥 괜찮아요.
   ④ 무조건 제가 하겠습니다.

5. 다음 중 '비언어적 표현'에 해당하지 않는 것은?
   ① 팔짱을 끼는 행동
   ② 고개를 끄덕이는 자세
   ③ 정확한 문장 구사
   ④ 미소 짓기

6. 다음 중 '공격적 표현'의 특징으로 적절한 것은?

① 감정을 억누르고 말하지 않는다.

② 자신의 입장을 정중하게 설명한다.

③ 상대방을 압박하거나 비난한다.

④ 공감과 경청을 바탕으로 전달한다.

4. ② 5. ③ 6. ③

나의 의사표현능력 종합 점검하기

※ 아래 각 문항을 읽고, 자신에게 해당하는 정도에 V 표시를 해 보세요.6)

번 호	내 용	그렇다	보통이다	아니다
1	나는 나의 의견을 자신 있게 말한다.			
2	나는 감정을 공격적이지 않게 표현한다.			
3	나는 나와 의견이 달라도 존중하며 말한다.			
4	나는 표정 · 자세 · 목소리 톤을 의식하며 전달한다.			
5	나는 감정이 격한 상황에서도 표현을 조절한다.			

채점 방법: 그렇다=3점, 보통이다=2점, 아니다=1점

총점: ________점 / 15점

해석:

- 13~15점 이상: 수업에서 배운 의사표현능력을 잘 습득하여 다양한 상황에서 자신 있게 소통할 수 있습니다.
- 10~12점: 의사표현능력의 기본은 익혔으나, 보완을 위해 의견 발표 훈련, 감정 조절 상황극, 논리적 말하기 훈련이 필요합니다.

6) 본 자기점검표는 「NCS 의사소통능력 학습모듈: 의사표현능력」(한국직업능력연구원, 2020) 및 「K-CESA 핵심 역량 진단체계」(교육부 · 한국교육개발원, 2018)를 참고하여 새롭게 구성하였다.

- 9점 이하: 의사표현능력을 충분히 적용하지 못했으므로, 꾸준한 실습과 자기 발표 · 대화 영상을 활용한 피드백 점검이 필요합니다.

학습정리

1. 의사표현능력의 개념

의사표현능력은 자신의 생각, 감정, 의견, 정보를 말·글·비언어적 수단을 통해 상대방에게 효과적으로 전달하는 역량이다. 이는 단순히 말을 잘하는 것이 아니라, 상대방이 정확히 이해할 수 있도록 상황과 목적에 맞게 표현을 선택하고 조정하는 역량이다.

2. 의사표현능력의 중요성

업무 현장이나 일상생활에서 의사표현이 정확하지 않으면 오해, 갈등, 실수가 발생할 수 있다. 반대로, 효과적인 의사표현능력은 업무 정확성 향상, 협업 강화, 고객 신뢰 확보, 리더십 발휘, 갈등 해소 등에서 핵심적인 소통 역량으로 작용한다.

3. 상황과 대상에 따른 효과적인 의사표현능력

의사표현능력은 상대방의 지위, 관계, 상황에 따라 어휘, 어조, 표현 방식을 조절하는 역량이다. 예를 들어, 상사에게는 예의 바른 보고, 고객에게는 친절한 안내, 친구에게는 자연스러운 표현이 적절하다.

4. 갈등 상황의 효과적 대응법

갈등 상황에서는 감정을 억누르거나 폭발하기보다, 나 전달법(I-message), 공감적 경청, 해결 중심 대화를 활용하여 상대방을 존중하면서도 자신의 입장을 분명히 표현하는 태도가 필요하다.

5. 의사표현능력의 유형과 향상 방법

의사표현능력의 유형에는 단정적 표현, 공격적 표현, 소극적 표현, 비언어적 표현이 있다. 단정적 표현은 상대방을 존중하면서 내 입장을 분명히 밝히는 방식이며, 공격적 · 소극적 표현은 관계 악화나 오해를 불러올 수 있다. 또한 비언어적 표현은 말보다 강력한 메시지를 전달하기도 한다. 이러한 표현 방식을 상황에 맞게 활용하고, 나 전달법 · 공감적 태도 · 사실에 근거한 표현을 실천하면 의사표현능력을 효과적으로 향상시킬 수 있다.

제 6 장

기초외국어능력

01 개요와 학습 목표

개 요

- 기초외국어능력은 직무 수행이나 일상생활에서 외국어(주로 영어)로 기본적인 의사소통을 수행하는 역량이다.
- 글로벌화된 사회와 산업 환경에서는 외국어를 전혀 사용하지 않고는 업무를 수행하기 어렵다. 특히 관광, 서비스, 항공, 제조, 물류, 병원, IT, 공공기관 등 다양한 직무에서 기초 외국어 안내, 질문과 응답, 문서이해, 간단한 회화 역량이 요구된다.
- 기초외국어능력은 고급 회화 역량을 의미하는 것이 아니라, 업무와 일상에서 필요한 표현을 정확하고 실용적으로 사용하는 역량이다.
- 또한, 단어와 문법뿐 아니라, 국가 간 문화 차이와 비언어적 의사표현 이해도 중요한 요소이며, 이는 오해 없이 원활한 의사소통을 위해 필수적인 역량이다.

학습 목표

1. 기초외국어능력의 개념과 중요성을 이해하고, 직무 현장에서 외국어 활용이 필요한 상황을 설명할 수 있다.
2. 기초적인 외국어 표현(인사, 안내, 질문 등)을 상황에 맞게 활용할 수 있다.
3. 외국인 대상 응대 및 간단한 문서(이메일, 안내문 등)의 기본적인 독해와 작성을 할 수 있다.
4. 외국어 사용 시 발생할 수 있는 문화적 차이와 비언어적 의사표현의 중요성을 이해하고, 상황에 맞게 적용할 수 있다.

02 기초외국어능력의 개념과 중요성

1) 기초외국어능력의 개념

기초외국어능력은 외국어(주로 영어)를 사용하여 기본적인 듣기 · 말하기 · 읽기 · 쓰기 능력을 바탕으로 실생활과 직무에서 필요한 의사소통을 수행하는 역량이다. NCS에서는 기초외국어능력을 "외국어로 기본적인 의사소통을 수행하는 능력"으로 정의한다. 이는 고급 회화나 문법 중심의 시험 대비 영어가 아니라, 현장에서 외국인과 원활하게 기본 의사소통을 할 수 있는 실용 중심의 외국어 능력을 의미한다. 일반적으로 다음과 같은 간단한 표현을 영어로 말하거나 이해할 수 있는 수준을 말한다.

예시:

① 여기는 화장실입니다. → This is the restroom.

② 진료 예약은 오후 2시입니다. → Your appointment is at 2:00 PM.

③ 이쪽으로 오세요. → Please come this way.

④ 회의는 오후 3시에 시작합니다. → The meeting starts at 3:00 PM.

⑤ 안전모를 착용해 주세요. → Please wear your safety helmet.

2) 기초외국어능력의 중요성

글로벌 환경에서 외국어 능력은 필수 역량이다. 관광, 의료, 생산, 물류, 항공, 서비스 분야 등 다양한 현장에서 외국어 활용 빈도가 점점 높아지고 있다. 기초외국어능력이 중요한 이유를 구체적으로 살펴보자.

(1) 글로벌 환경에서의 필수 능력

국내 관광객, 외국인 근로자, 유학생, 해외 거래처 증가로 인해 다양한 직무에서 외국어 사용 빈도가 높아지고 있다. 관광, 의료, 생산, 물류, 항공, 서비스 분야에서는 실무 외국어 활용 능력이 핵심 역량으로 간주된다.

예시:

① 제가 도와드릴까요? → Can I help you?

② 이쪽으로 오세요. → This way, please.

(2) 직무 수행의 정확성과 신뢰 확보

외국인 고객이나 파트너와의 기본 의사소통이 가능해야 업무의 신뢰도와 전문성을 높일 수 있다.

예시:

① 체크인은 2층에서 하실 수 있습니다. → Check-in is on the second floor.

② 여기에서 10분만 기다려 주세요. → Please wait here for 10 minutes.

(3) 외국어 사용 불안 감소

기초 수준에서 자주 사용하는 표현을 반복 학습하면, 외국인을 대할 때의 불안함과 당황함을 줄이고 자신감을 높일 수 있다.

예시:

① 오늘은 어떠세요? → How are you today?

② 바로 확인해 드리겠습니다. → I will check it right away.

3) 기초외국어능력의 기본 표현과 직무별 활용

기초외국어능력은 기본적인 표현을 익히는 것에서 출발해, 실제 직무 현장에서 활용하는 단계로 확장된다. 따라서 기초 표현을 학습하고, 이를 직무 상황에 맞게 적용하는 것이 중요하다.

(1) 기초외국어능력의 기본 표현

표현 유형	표현 예시
기본 인사	Hello, Thank you, Excuse me, Good morning 등
지시 및 안내	Go straight, This way, please 등
간단한 질문	What is your name?, Do you have a reservation? 등
간단한 독해	안내문, 표지판, 이메일의 핵심 정보 이해 등
이메일 작성	Thank you for your inquiry. We will contact you soon 등
전화 응대	May I speak to ~?, Hold on, please. 등

(2) 직무별 기초외국어 활용

직무 분야	외국어 활용 예시
의료행정	외국인 환자 접수, 예약 안내, 증상 간단 응답 등
호텔 · 관광	Check-in 안내, 관광지 설명, 환불 안내 등
생산 · 물류	작업 절차 설명, 안전 지시 전달, 기본 서류 작성 등
공공기관	외국인 민원 안내, 문서 번역 요청 대응 등
교육 · 사무	외국인 교직원 · 학생과의 의사소통, 회의 메모 작성 등
건축 · 토목	현장 안전수칙 안내, 기본 공사 일정 설명, 외국인 근로자 작업지시 등

4) 실무에서의 예시

상 황	결 과
관광 안내소 직원이 “This bus goes to the airport”라고 안내	외국인 고객이 문제없이 이용
병원 접수창구에서 “Please fill out this form”라고 안내	외국인 환자가 정확히 절차 이행
공장 안전 교육에서 “Wear your safety helmet”라고 전달	외국인 근로자가 안전수칙 준수

기초외국어능력의 개념과 중요성을 정리하면, 아래와 같다.

기초외국어능력은 단지 언어를 아는 것이 아니라, 현장에서 외국인을 만나도 당황하지 않고 대응할 수 있는 실용적인 역량이다. 단순한 단어 암기나 문법 학습이 아니라, 자주 쓰는 표현을 익히고 반복하여 말하는 연습이 중요하며, 실제 상황을 가정한 역할극(Role-play)이나 문서 분석을 통해 훈련할 수 있다.

워크북 활동지: 기초외국어능력의 개념과 중요성

1. 기초외국어능력의 의미를 설명하고, 일반적인 영어 학습과 비교하여 어떤 차이가 있는지 적어 보세요. (예시: '기초외국어능력은 실용적인 표현 중심이다'처럼 실제 직무 상황과 연결하여 구체적으로 적어 보세요.)

   ① 기초외국어능력의 의미:

   ____

   ____

   ② 기초외국어능력과 일반적인 영어 학습의 차이:

   ____

2. 본인이 앞으로 일하게 될 직무(예시: 간호조무사, 호텔관리, 사무보조, 기계정비, 건축, 토목 등)에서 외국어를 사용해야 하는 상황을 한 가지 적어 보세요. (예시: '호텔 프런트에서 외국인 고객의 체크인을 도와야 할 때'처럼 구체적인 상황 중심으로 적어 보세요.)

   ____

   ____

3. 외국인과의 기본적인 의사소통 상황 중에서, 본인이 가장 불안하거나 어려울 것 같은 표현이나 장면을 한 가지 적어 보세요. (예시: '공항에서 외국인에게 길을 안내해야 할 때'처럼 구체적인 상황 중심으로 작성하고, 해당 상황에서 어떤 방식으로 연습하고 싶은지도 함께 적어 보세요.)

---

4. 다음 중 기초외국어능력에 해당하지 않는 것은 무엇인가요?
   ① "Welcome to Korea"라고 인사할 수 있다.
   ② 안내문에 쓰인 영어를 읽고 핵심 내용을 이해한다.
   ③ 외국 소설책을 영어 원서로 끝까지 읽는다.
   ④ 고객에게 "Please wait here"라고 말한다.

5. 다음 중 기초외국어능력의 중요성으로 가장 적절한 것은?
   ① 해외 취업을 준비하기 위해
   ② 직무 현장에서 외국인을 만날 수 있기 때문
   ③ 유학을 계획하고 있기 때문
   ④ 토익 점수를 높이기 위해

6. 다음 중 직무 현장에서 실제 사용할 수 있는 표현으로 가장 적절한 것은?
   ① Do you like hamburgers?
   ② The sky is blue today.
   ③ You can pay by card here.
   ④ I go to school every day.

4. ③ 5. ② 6. ③

03 기초외국어능력이 필요한 상황

기초외국어능력은 다양한 직무 현장에서 외국인과의 원활한 소통을 위해 반드시 요구된다. 특히 고객 응대, 협업, 문서이해, 전화 · 이메일 응대, 국제 교류 등 실제 업무 상황에서 자주 활용된다. 실제 직무 현장에서 기초외국어능력이 필요한 대표적 상황은 다음과 같다.

1) 고객 응대 및 안내 상황

서비스업, 병원, 관광, 유통 등에서 외국인 고객을 맞이하거나 안내할 때 사용한다. 간단한 인사, 길 안내, 대기 요청, 결제 안내 등의 기본 표현이 필요하다.

예시:

① Please wait here.

② You can pay by card or cash.

2) 작업지시 및 협업 상황

생산 현장, 호텔, 조리, 병원 등에서 외국인 동료와 함께 일할 때 사용한다. 작업 순서, 안전수칙, 도구 사용법 등을 전달하거나 이해하는 표현이 필요하다.

예시:

① Be careful, it's hot.

② Wear safety gloves.

3) 문서 및 안내문 이해 상황

병원, 호텔, 학교, 사무실 등에서 영문 공지문, 메뉴판, 포스터, 사용설명서를 읽을 때 사용한다. 날짜, 장소, 시간, 주의사항 등 핵심 정보 파악 능력이 필요하다.

예시:

① Check-out time: 11:00 AM.

② Keep this door closed at all times.

4) 전화나 비대면 응대 상황

외국인 고객이나 업체와 전화, 메시지, 이메일로 소통할 때 사용한다. 간단한 응답, 확인, 요청 전달에 필요한 표현이 필요하다.

예시:

① Let me check and call you back.

② Can you repeat that, please?

5) 직무 관련 국제 교류 또는 문서작성 상황

국제 행사, 교환 프로그램, 수출입 업무, 의료관광 등에서 사용한다. 자기소개, 제품 설명, 안내문 작성 등 기본 의사소통에 필요한 표현이 필요하다.

예시:

① Hello, I am an intern from Korea.

② This machine is for packaging.

기초외국어능력이 필요한 상황을 정리하면, 아래와 같다.

기초외국어능력은 외국인과의 소통이 예상되는 다양한 직무 현장에서 요구되며, 특히 고객 응대, 협업, 문서 및 안내문 이해, 전화·이메일 응대, 국제 교류 상황에서 자주 활용된다. 이러한 상황에서는 간단한 표현만으로도 의사전달이 가능하도록 준비하는 것이 중요하다. 연습은 실용 중심으로 진행하고, 정확한 문법이나 복잡한 표현보다는 의미 전달과 이해에 중점을 두어야 한다.

워크북 활동지: 기초외국어능력이 필요한 상황

1. 호텔 프런트 직원으로 근무 중일 때, 외국인 손님이 "Check-out time?"이라고 물어본 상황을 떠올려 보세요. 그 상황에서 어떻게 영어로 응답할 수 있을지, 간단한 문장으로 작성해 보세요. (예시: Check-out is at 11 AM. 등)

____

____

____

2. 기초외국어능력이 필요한 실습이나 아르바이트 경험이 있었나요? 있었다면 그 상황을 간단히 설명하고, 그때 사용했던 외국어 표현이나 말하기 방식이 있다면 함께 적어 보세요. (예시: 음식점 아르바이트 중 Here is your receipt.)

____

____

____

3. 작업 현장에서 외국인 동료에게 안전 주의를 영어로 전달해야 한다면 어떻게 말할 수 있을까요? “조심하세요. 뜨겁습니다”라는 뜻을 담은 간단한 영어 문장을 직접 작성해 보세요.

---

4. 다음 중 기초외국어능력이 가장 필요한 상황은 어느 것인가요?
   ① 국내 도서관에서 책 대출하기
   ② 외국인 관광객에게 길 안내하기
   ③ 가족 모임 참석하기
   ④ 지하철에서 이어폰 듣기

5. “Wear safety gloves.”의 문장이 사용될 수 있는 적절한 상황은?
   ① 회의 참석 알림
   ② 기계 조작 중 안전 주의
   ③ 식당 예약 요청
   ④ 친구와 인사할 때

6. 다음 중 고객 응대 시 적절한 영어 표현은?
   ① You go fast.
   ② Please wait here.
   ③ No English.
   ④ Don't talk now.

4. ② 5. ② 6. ②

04 국가 간의 비언어적 의사표현

비언어적 의사표현은 말이나 글이 아닌 몸짓, 표정, 거리, 손짓, 시선, 제스처 등으로 정보를 전달하는 방식이다. 특히 국가나 문화권에 따라 동일한 행동이 다른 의미를 갖는 경우가 많아, 외국인과의 소통에서 중요한 역할을 한다.

1) 국가 간의 비언어적 의사표현의 중요성

국가 간의 비언어적 의사표현이 중요한 이유는 여러 측면에서 확인할 수 있다. 그 중요성은 다음과 같이 정리할 수 있다.

(1) 언어보다 더 많은 정보 전달

① 메라비언(Albert Mehrabian)의 연구에 따르면, 실제 대화에서 비언어가 차지하는 비중은 60~90%에 달한다.

② 표정, 태도, 눈빛 등을 통해 신뢰, 관심, 감정을 전달할 수 있다.

(2) 문화적 차이로 인한 오해 방지

같은 제스처라도 문화권에 따라 의미가 완전히 달라질 수 있으므로, 비언어 표현에 대한 문화적 이해가 필요하다.

(3) 서비스 현장, 국제무대, 직장 등에서 실수 예방

외국인 고객 응대나 국제회의 등에서 비언어 표현의 차이를 이해하면 불필요한 오해나 실수를 줄일 수 있다.

2) 실무에서의 예시

(1) 외국인 관광객 응대 시

무심코 하는 손짓이나 표정이 오해를 불러일으키지 않도록 주의한다.

예시: 웃으며 손바닥을 보이며 흔드는 제스처는 인사로 받아들여지지만, 어떤 문화권에서는 오지 말라는 의미로 오해될 수 있다.

(2) 다문화 병동 실습에서 환자 대응 시

눈맞춤, 손동작 등에 민감할 수 있음을 인식한다.

예시: 일부 문화권에서는 환자의 눈을 똑바로 바라보는 것이 무례로 여겨질 수 있다.

(3) 해외 연수나 인턴십 면접 시

과도한 신체 접촉이나 너무 가까운 거리는 실례가 될 수 있다.

예시: 면접 시 가볍게 악수하는 것은 적절하지만, 어깨를 두드리는 행동은 불쾌감을 줄 수 있다.

3) 대표적인 국가 간 비언어 표현의 차이

비언어 표현	문화별 차이	의 미
손 흔들기	• 한국 · 미국: 인사 • 일본: '오지 마'로 오해될 수 있음	인사 또는 경고
인사 자세	• 한국 · 일본: 고개 숙이기(존중) • 미국: 악수, 눈 마주침	인사 또는 존중
브이(V) 사인	• 한국: 귀엽거나 사진 포즈 • 영국(손등 보이며 V자): 모욕적인 뜻	즐거움 또는 모욕
눈을 마주치는 것	• 미국: 정직과 자신감 • 일본: 무례하게 여겨질 수 있음	관심 또는 태도
신체 접촉	• 서양: 친밀함의 표현(포옹, 악수 등) • 중동: 이성 간 접촉 금지	친근감 또는 불쾌감

이처럼 문화적 차이가 존재하기 때문에, 실제 현장에서 비언어적 의사표현을 사용할 때 반드시 유념해야 할 몇 가지 기본 원칙이 있다.

4) 비언어적 의사표현 적용 시 유의사항

비언어적 의사표현은 상황에 따라 긍정적인 효과를 주기도 하지만, 잘못 사용하면 오해를 불러일으킬 수 있다. 따라서 다음과 같은 점들을 유의해야 한다.

① 비언어는 말보다 강하다: 아무 말 없이도 인상과 신뢰를 형성할 수 있다.

② 문화적 맥락을 고려하라: 상대방의 국적 · 문화권을 이해하고 접근해야 한다.

③ 관찰과 존중이 기본이다: 낯선 행동이라도 비판하기보다 이해하려는 태도가 필요하다.

기초외국어능력에서 국가 간의 비언어적 의사표현을 정리하면, 아래와 같다.

비언어적 의사표현은 언어 외의 다양한 소통 방식으로, 실제 대화에서 차지하는 비중이 매우 크다. 특히 문화권마다 동일한 행동이 다른 의미로 해석될 수 있어, 외국인과의 소통에서 오해와 갈등이 발생할 수 있다. 따라서 관광, 의료, 국제회의 · 면접 등 직무 현장에서는 신중한 행동과 배려, 관찰력이 요구된다. 또한 비언어는 말보다 강력하며, 문화적 맥락을 고려하고 낯선 표현을 존중하는 태도가 필요하다.

워크북 활동지: 국가 간의 비언어적 의사표현

1. 외국인과 대화하던 중, 당신의 행동이나 태도가 오해를 불러일으킨 적이 있나요? 그때의 상황을 떠올려 보고, 어떤 비언어적 의사표현(예시: 표정, 몸짓, 시선 등)이 오해를 만들었는지 설명해 보세요. 그리고 그 상황을 어떻게 개선할 수 있었을지 함께 적어 보세요.

① 비언어적 의사표현이 오해를 만들었던 상황:

② 그 상황을 어떻게 개선할 수 있었을지:

2. 다른 나라의 비언어적 의사표현 중, 한국과 다르다고 느낀 점이 있나요? 당신이 알고 있는 사례를 두 가지 이상 떠올려 보고, 문화적 차이에 따라 표현 방식이 어떻게 다른지 적어 보세요. (예시: 미국에서는 눈을 마주치는 것이 자신감의 표현이지만, 일본에서는 예의상 피하는 경우가 많다 등)

① 사례 1:

② 사례 2:

3. 비언어적 의사표현의 차이를 이해하지 못해 오해나 문제가 생길 수 있는 직무 상황이 있었나요? (예시: 병원 응대, 호텔 리셉션, 해외 인턴십 면접 등) 구체적인 상황을 떠올려 보고, 어떤 비언어적 의사표현이 원인이 되었는지 설명해 보세요. 그리고 그 상황을 어떻게 대처하거나 개선할 수 있었는지도 함께 적어 보세요.

① 비언어적 의사표현의 차이를 이해하지 못해 오해나 문제가 생긴 상황:

② 원인이 된 비언어적 의사표현:

③ 상황의 대처와 개선 방안:

4. 다음 중 '비언어적 의사표현'에 해당하지 않는 것은?
   ① 손짓
   ② 말투
   ③ 문서 내용
   ④ 눈빛

5. 다음 중 영국에서 손등을 보이며 브이(V) 사인을 했을 때 의미는?
   ① 귀여운 표현
   ② 인사
   ③ 무례한 모욕
   ④ 칭찬

6. 일본 문화에서 상대방의 눈을 똑바로 응시하는 것은 어떻게 여겨질 수 있는가?
   ① 예의 있고 정직한 표현
   ② 관심과 존중의 표현
   ③ 무례하거나 공격적인 태도
   ④ 감사의 표현

4. ③ 5. ③ 6. ③

05 다양한 기초외국어 훈련

1) 기초외국어 훈련의 목적

기초외국어 훈련은 단순한 영어 문장 암기가 아니라, 실제 업무와 생활 현장에서 필요한 상황별 표현을 익히고, 문화적 맥락을 이해하며, 의사소통 자신감을 기르는 과정이다. 특히 직무와 직접 관련된 표현을 중심으로 꾸준히 반복 · 실습하는 것이 중요하다.

2) 실용 중심의 외국어 훈련 방법

번 호	훈련 방법	내용 설명	예 시
1	상황별 표현 익히기	전화 응대, 안내, 소개 등 직무 상황 중심 표현 반복 학습	How may I help you?, Please follow me.
2	역할극	학생끼리 역할 나누어 실생활 상황 연습	병원 접수 상황, 호텔 프런트, 공항 안내 등
3	직무 회화 반복 학습	직무 기본 문장 구성 및 반복 훈련	Can I have your name, please?, I'll check the schedule.
4	그림 · 이미지 활용 학습	시각 자료 활용해 단어와 표현 연결	비행기 그림: airplane, boarding pass, check-in
5	문화적 차이 이해와 병행 학습	언어와 함께 비언어 및 문화적 차이 학습	일본 손짓 금지, 미국식 인사 방식 등
6	영어 자막 듣기 훈련	간단한 영상 콘텐츠로 청취 및 문장 구조 익히기	뉴스, 공항 안내 방송, 애니메이션 등
7	자기소개 · 자기표현 연습	본인 소개 및 관심 주제 간단 발표 연습	My name is Hana. I study nursing.

3) 기초외국어 학습 방법

기초외국어능력을 효과적으로 익히기 위해서는 꾸준한 연습과 실무에 바로 적용할 수 있는 학습 전략이 필요하다. 특히 다음과 같은 방법들을 실천하면 학습 효과를 높일 수 있다.

① 매일 10분씩 짧게 듣고 말하는 습관 들이기
② '직무 + 표현'을 키워드로 정리하기(예시: 간호 + Take a deep breath.)
③ 단어보다는 '문장 단위'로 익히기
④ 외국인과의 만남 전, 인사 · 안내 문장 미리 준비하기
⑤ 발음보다는 전달 의도와 태도에 집중하기

4) 실무에서의 예시

① 항공 승무원 훈련생: Please fasten your seatbelt.
② 호텔 프런트 훈련생: Check-in time is 3 PM.
③ 간호조무 훈련생: Do you have any allergies?
④ 공공기관 실습생: Please wait in line.

기초외국어능력에서 다양한 기초외국어 훈련을 정리하면, 아래와 같다.

기초외국어 훈련은 단순한 암기가 아니라, 직무 상황에서 자주 쓰이는 표현을 익히고 자신 있게 말하는 실용 중심 학습이다. 전화 응대, 안내, 자기소개 등 상황별 표현 반복, 역할극, 시각 자료 활용, 문화 차이 이해 등을 통해 학습 효과를 높일 수 있다. 또한 매일 10분씩 꾸준히 연습하고, 단어보다 문장 단위로 학습하며, 실제 만남 전 표현을 준비하면 현장에서 바로 활용할 수 있다. 항공 승무원, 호텔 프런트, 간호조무, 공공기관 실습생의 사례처럼 직무 현장과 연결한 실습을 통해 실전형 의사소통능력을 기를 수 있다.

워크북 활동지: 다양한 기초외국어 훈련

1. 본인이 실습하거나 일하고 싶은 직무(예시: 간호조무, 호텔 프런트, 사무보조 등)에서 자주 사용될 수 있는 [영어 표현]을 세 가지 적어 보세요. 각 표현이 어떤 상황에서 쓰이는지, 그 의미를 우리말로 간단히 설명해 보세요.

[영어 표현 → 우리말]
Please wait a moment. → 잠시만 기다려 주세요.

① 상황 1:

---

② 상황 2:

---

③ 상황 3:

---

2. 아래 상황에서 사용할 수 있는 적절한 영어 표현을 한 문장 이상 작성해 보세요.

① 호텔 체크인 시 손님에게 안내할 때:

② 병원에서 환자에게 증상을 물을 때:

③ 외국인을 전화로 응대할 때:

3. 본인의 진로(예시: 간호사, 호텔리어, 드론 조종사 등)와 관련하여 기초외국어능력 훈련이 왜 중요한지, 어떤 상황에서 활용될 수 있을지 구체적으로 적어 보세요. (예시: 저는 호텔리어가 되고 싶습니다. 다양한 국적의 손님을 응대할 일이 많기 때문에, 영어로 인사하거나 체크인 시간, 조식 안내 등을 설명할 수 있어야 합니다. 기본적인 영어 안내 문장을 익혀두면, 현장에서 당황하지 않고 친절하게 응대할 수 있을 것이라 생각합니다.)

① 기초외국어능력 훈련의 중요성:

____

____

____

② 기초외국어능력을 활용할 수 있는 상황:

____

____

____

4. 다음 중 기초외국어능력의 훈련 방법으로 가장 적절하지 않은 것은 무엇인가요?
   ① 직무 관련 상황 표현을 반복 학습한다.
   ② 문화 차이를 이해하며 언어를 익힌다.
   ③ 매일 외국어 단어 100개를 외운다.
   ④ 그림이나 영상 자료를 활용한 학습을 병행한다.

5. 다음 중 병원 실습생이 사용할 수 있는 표현으로 가장 적절한 것은?
   ① Please sign here for delivery.
   ② May I take your temperature?
   ③ Your flight has been delayed.
   ④ Would you like chicken or beef?

6. 다음 중 효과적인 기초외국어능력의 학습 전략으로 올바르지 않은 것은?
   ① 단어보다 문장 단위로 익힌다.
   ② 직무와 관련된 표현 중심으로 학습한다.
   ③ 자막 없이 무작정 드라마를 본다.
   ④ 발음보다 전달하려는 의도에 집중한다.

4. ③ 5. ② 6. ③

나의 기초외국어능력 종합 점검하기

※ 아래 각 문항을 읽고, 자신에게 해당하는 정도에 V 표시를 해 보세요.[7)]

번 호	내 용	그렇다	보통이다	아니다
1	나는 외국어로 기본적인 인사 표현(Hello, Thank you 등)을 한다.			
2	나는 외국어로 간단한 안내나 지시 표현(Go straight, This way, please 등)을 이해하며 활용한다.			
3	나는 외국어 이메일 · 안내문 등에서 핵심 정보를 파악한다.			
4	나는 전화나 대면 상황에서 간단한 의사 표현을 한다.			
5	나는 직무 상황(고객 응대, 안전 지시 등)에서 필요한 기본 표현을 활용한다.			

채점 방법: 그렇다=3점, 보통이다=2점, 아니다=1점

총점: ________점 / 15점

해석:

- 13~15점: 수업에서 학습한 기초외국어능력을 잘 활용하여 직무 현장에서 원활히 소통할 수 있습니다.

7) 본 자기점검표는 「NCS 의사소통능력 학습모듈: 기초외국어능력」(한국직업능력연구원, 2020) 및 「K-CESA 핵심 역량 진단체계」(교육부 · 한국교육개발원, 2018)를 참고하여 새롭게 구성하였다.

- 10~12점: 기초외국어능력의 기본은 익혔으나, 직무 상황별 표현 연습을 위해 기초 회화 반복 학습, 상황별 대화 암기, 간단한 이메일 작성과 같은 훈련이 필요합니다.
- 9점 이하: 기초외국어능력을 충분히 적용하지 못했으므로, 반복 학습과 상황별 회화 · 역할극 훈련이 필요합니다.

학습정리

1. 기초외국어능력의 개념

기초외국어능력은 직무 현장에서 외국인과 원활히 소통하기 위한 기본 역량이다. 시험 대비용 학습이 아닌, 실제 생활과 업무에서 필요한 듣기 · 말하기 · 읽기 · 쓰기를 바탕으로 기본적인 의사소통을 수행하는 능력을 의미한다.

2. 기초외국어능력의 중요성

글로벌 환경에서 외국어 능력은 필수이다. 관광 · 의료 · 생산 · 물류 · 서비스 등 다양한 직무에서 요구되며, 부족하면 고객 불만, 안전사고, 업무 차질이 발생할 수 있다. 반대로 기본적인 표현만 익혀도 신뢰 구축과 업무 효율성을 크게 높일 수 있다.

3. 기초외국어능력이 필요한 상황

기초외국어능력은 고객 응대, 작업지시, 안내문 · 문서이해, 전화 · 이메일 응대, 국제 교류 등 다양한 실무에서 필요하다. 특히 기본적인 인사, 요청, 안내, 안전 지시만으로도 직무 수행에 큰 도움이 된다.

4. 국가 간의 비언어적 의사표현

기초외국어능력에는 언어뿐 아니라 비언어적 표현(표정, 제스처, 시선 등)에 대한 이해도 포함된다. 문화권마다 같은 행동이 다른 의미를 가질 수 있으므로, 국가별 비언어적 차이를 이해하고 존중하는 태도가 필요하며, 이는 실무 현장에서 오해를 예방하는 데 핵심적이다.

5. 다양한 기초외국어 훈련

기초외국어능력은 상황별 표현 학습, 역할극, 회화 암기, 이미지 활용, 문화 차이 이해, 자막 활용 학습 등 실용 중심의 훈련으로 향상된다. 매일 짧게 반복 학습하며, 직무 현장에서 바로 활용할 수 있는 실습 중심 연습이 중요하다.

6. 기초외국어능력과 직무 경쟁력

기초외국어능력은 단순히 언어 지식이 아니라 직무 경쟁력을 높이는 실용 역량이다. 고객 신뢰 확보, 안전사고 예방, 업무 효율성 제고에 기여하며, 취업, 면접, 실습은 물론 승진과 해외 업무 기회에서도 경쟁력을 높인다.

심화문제

01. 다음 글을 읽고, 해당 글의 특징으로 가장 알맞은 것은 무엇인가?

> H대학은 교내 창업동아리와 함께 '2025년 창업 아이디어 경진대회'를 개최하였다. 이번 대회는 학생들의 창의적인 아이디어를 발굴하고, 실제 창업으로 연결될 수 있도록 지원하기 위해 마련되었다. 개회식에서 김 교무처장은 "이번 경진대회는 단순한 발표를 넘어서, 시장성과 실현 가능성을 가진 아이디어를 평가하는 데 중점을 두고 있다"고 밝혔다. 이번 대회에는 총 20개 팀이 참여하였으며, 우수한 아이디어로 선정된 팀에는 시상과 함께 창업지원금이 제공될 예정이다.

① 회사의 업무 진행을 위해 내부 직원들에게 전달하기 위한 문서이다.
② 고객이나 외부 기관에 협조를 요청하기 위해 작성한 공문이다.
③ 학교나 기관이 언론을 통해 외부에 알리고자 작성한 보도자료 형식의 글이다.
④ 기업이 새로운 제품의 기능이나 사용법을 소비자에게 설명하기 위해 작성한 글이다.

02. 다음 글을 읽고, 이 문서의 종류에 가장 알맞은 것은 무엇인가?

B대학은 최근 학생들의 취업을 돕기 위한 '취업 역량 강화 캠프'를 열었다. 이 캠프는 자기소개서 작성, 면접 준비, 직무 이해 등을 중심으로 구성되었으며, 실제 기업 인사담당자가 직접 참여해 현실적인 조언을 제공하였다. B대학은 이 캠프의 내용을 학과별 진로지도 시간에 반영할 계획이다.

① 제품의 기능이나 사용법을 알리기 위한 광고성 문서이다.

② 학생과 학부모에게 캠프 참가를 독려하기 위한 공지문이다.

③ 언론이나 대중에게 학교의 활동 내용을 알리기 위한 보도자료 형식이다.

④ 캠프 참가자에게 사후 설문을 요청하는 안내문이다.

03. 위의 글을 읽고 내용을 잘못 이해한 사람은 누구인가?

① 취업 준비에 도움이 되는 실전 정보가 제공되었겠네.

② 참가자들이 면접 연습도 해봤을 것 같아.

③ 학생들만 참가했고, 기업 관계자는 오지 않았겠지?

④ 진로지도 시간에도 이런 내용이 적용되겠구나.

04. 다음은 직무 실습 중에 있었던 팀장과 인턴의 [상황]과 [대화 내용]입니다. 다음 중 인턴의 마지막 발언으로 가장 어울리지 않는 것은 무엇인가?

[상황]

C대학 인턴인 민수는 회사의 SNS 홍보 계획을 작성하고 있었다. 하지만 기존 자료가 부족해 팀장에게 문의한다.

[대화 내용]

- 민수(인턴): 팀장님, SNS 홍보계획서 작성 중인데 기존 콘텐츠 자료가 부족해서 연락드렸습니다.
- 팀장: 네, 이전에 보내드린 파일들에 대부분 들어 있었을 텐데요?
- 민수: 아, 제가 폴더를 잘못 열었네요. 지금 찾았습니다.
- 팀장: 다행입니다. 우선 고객 반응 분석과 콘텐츠 유형 정리가 핵심이에요. 고객 연령대별 반응 차이, 플랫폼별 선호도, 계절별 트렌드 등을 분석해서 적어 보세요. 실행 가능한 제안도 꼭 포함해주시고요.
- 민수: (   )

① 고객 연령대별 선호도도 함께 정리해 보겠습니다.
② 실천 가능한 아이디어도 같이 제안해 보겠습니다.
③ 계절에 따라 다른 SNS 전략도 고민해 보겠습니다.
④ 그럼, 고객에게 직접 전화해서 설문해 볼까요?

05. 다음 글은 D대학의 [2025학년도 교육과정 개편안]의 일부입니다. 이 문서의 특징에 가장 알맞은 설명은 무엇인가?

> [2025학년도 교육과정 개편안]
>
> D대학은 2025학년도부터 학과별 실무 중심 수업을 확대하고, 전공 외 선택 수업을 강화하겠다고 밝혔다. 이번 개편안은 산업 현장의 변화와 학생들의 진로 다양성을 반영하기 위해 마련되었다. 대학은 재학생과 신입생 모두가 해당 내용을 쉽게 알 수 있도록 주요 내용을 학교 홈페이지와 SNS에 공지하였다. 또한 학과별 오리엔테이션과 상담시간을 통해 자세한 설명도 진행할 예정이다.

① 대학 내부 보고를 위해 작성한 공문이다.

② 교육과정 개편을 위한 회의자료다.

③ 외부 사람들에게 대학의 주요 내용을 알리기 위한 보도자료 형식이다.

④ 학생들을 대상으로 수업을 신청하도록 요청하기 위한 안내문이다.

06. 위의 글을 읽고, 문서이해 단계 중 3단계(핵심 정보 추출하기)에 해당하는 사람은 누구인가?

① A씨: 학교가 새로운 수업 제도를 도입했구나.

② B씨: 전공 외 선택 수업이 확대되네. 어떤 과목들이 추가될까?

③ C씨: 이번 개편은 산업 현장에 맞춘 교육 때문이겠지?

④ D씨: SNS나 오리엔테이션을 통해 자세히 알아봐야겠네.

07. 다음은 창업동아리 회의 중에 있었던 [상황]과 [대화]이다. 아래 내용을 읽고, 이 팀의 의사소통 방식(소통 구조)으로 가장 알맞은 것을 고르시오.

> [상황]
>
> 리더 없이, 동아리 팀원 모두가 자유롭게 아이디어를 주고받고 있다. 누구나 의견을 말할 수 있고, 모두가 서로의 의견을 듣고 있다. 한 명이 모든 것을 정하는 것이 아니라, 함께 결정하며 협력한다.
>
> [대화]
>
> - 지호: 우리 팀 창업 아이템으로 '캠퍼스 전용 중고거래 앱' 어떤가요?
> - 예진: 괜찮네요! 디자인은 제가 맡을 수 있어요.
> - 우빈: 예약 기능이 있으면 좋을 것 같아요. 개발은 제가 해 볼게요.
> - 소영: 그럼 저는 기능 구성 정리해서 문서로 정리해 볼게요.
> - 지호: 좋아요! 다음 회의까지 각자 역할 맡아서 준비해 봅시다.

① 중심집중형: 한 사람이 모든 의견을 듣고 결정하며 정보를 모은다.
② 연결형: 구성원 전체가 자유롭게 이야기하고 서로의 생각을 듣는다.
③ 단방향형: 위에서 아래로 지시만 내려오고, 의견은 올라가지 않는다.
④ 대표전달형: 한 사람이 대표로 의견을 모아 상급자에게 전달한다.

08. 다음은 민정 씨가 교내 축제 만족도 조사 결과 보고서를 작성하는 상황이다. 아래의 [상황]과 [자료]를 읽고, 보고서를 쓸 때 고려해야 할 사항으로 가장 적절하지 않은 것을 고르시오.

[상황]

민정 씨는 학생홍보팀 인턴으로 활동 중이며, 최근 교내 축제에 대한 만족도 설문 결과를 정리해 보고서를 작성하게 되었다. 홍보팀 담당자는 "문장은 간결하게, 수치는 정확하게, 핵심 내용이 먼저 드러나도록 구성할 것"을 강조했다.

[자료]

㉮ 전체 만족도는 2024년 축제 기준 76%로 나타났고, 작년보다 8% 상승했다.

㉯ 음식 부스 만족도는 82%, 공연 만족도는 73%, 체험행사 만족도는 68%로 조사되었다.

㉰ 공연 만족도는 여학생(78%)이 남학생(68%)보다 높았으며, 1학년(80%)이 가장 높고 3학년(65%)이 가장 낮았다.

㉱ 2020년부터 2024년까지 전체 만족도는 59% → 62% → 65% → 68% → 76%로 꾸준히 증가하였다.

① ㉮는 보고서의 앞부분에서 전체 만족 흐름을 요약하는 내용으로 적절하므로 먼저 배치한다.

② ㉰은 학생 성별과 학년별 비교가 포함되므로, 수치를 간결하게 통일하여 표로 구성해 제시한다.

③ ㉯는 항목별 세부 내용이므로 ㉮와 함께 묶어 '전반적 만족도 변화' 항목에 넣는다.

④ ㉱는 연도별 흐름이 뚜렷하므로 선 그래프로 표현하면 시각적으로 한눈에 보기 좋다.

09. 다음 [상황]은 조별 과제 회의 중 팀장의 발언과 팀원들의 반응이다. 다음 중 팀장의 말을 제대로 경청한 사람은 누구인가?

> [상황]
>
> 수업 시간에 조별 과제 중간 점검을 진행하고 있다.
>
> 민지(팀장): "이번 과제는 단순히 조사만 하는 것이 아니라 직접 인터뷰나 설문 등도 포함해야 해요. 이전 회의에서도 말했지만, 실질적인 자료 수집 활동이 반드시 필요합니다. 조원들은 어떤 방법으로 자료를 수집할지 말해 주세요."

[팀원 반응]

① 영수: 인터뷰나 설문 없이 자료 조사만 하면 안 되는 이유가 뭔가요?

② 수빈: 그러면 제가 인터뷰를 맡을게요. 학교 근처에서 적절한 대상도 찾아보겠습니다.

③ 태호: 팀장 말은 알겠는데, 예전 보고서 방식으로 가도 괜찮지 않을까요?

④ 다현: 음… 예전에 제가 인터뷰했던 걸 그냥 다시 써도 되지 않을까요?

10. 다음 [보기] 중 올바른 경청에 도움이 되는 태도는 어느 것인가?

[보기]

㉠ 말이 끝나지 않았지만, 중간에 끊고 내 생각을 먼저 말한다.

㉡ 듣는 척만 하면서, 속으로는 내가 언제 말할지 타이밍을 계산하고 있다.

㉢ 상대방의 말이 내 경험과 연결되는 부분이 있는지 생각해 보며 듣는다.

㉣ 상대방의 말을 들으면서도 '어차피 나는 내 의견대로 할 거야'라는 생각을 갖고 듣는다.

① ㉠

② ㉡, ㉣

③ ㉢

④ ㉠, ㉡, ㉣

11. **다음 [상황]은 학교 식당의 식중독 의심 사건에 대한 대응 사례입니다. [상황]을 읽고, 학교 측의 응대에서 적절하지 않은 것은?**

> [상황]
>
> 대학 2학년인 하영 씨는 점심으로 학교 식당에서 돈가스를 먹은 후, 복통과 설사를 겪었다. 같은 메뉴를 먹은 친구들도 유사한 증상을 겪었다. 이에 하영 씨는 보건실에 신고했고, 식당 측에 공식 사과와 위생 관리 개선을 요구했다. 그러나 식당 관리자는 “조리는 모두 위생 기준대로 했고, 요즘 날씨가 더워서 음식이 쉽게 상할 수도 있다”면서 “전체 학생에게 공지나 사과는 어렵고, 해당 날짜 메뉴만 주의하겠다”고 말했다. 이후 학생 커뮤니티에는 식당의 대응이 무책임하다는 비판이 올라왔다.

① 사과보다는 식당 측 입장만 설명하며 불만을 무시하는 태도를 보였다.
② 학생의 말에 귀 기울이지 않고, 학생이 무엇을 원하는지 파악하려는 노력이 부족하다.
③ 식중독이 학생 개인의 체질 문제라는 것을 강조하지 못했다는 점이 문제다.
④ 학생의 문제 제기에 진심으로 대응하지 않고, 근본 원인을 해결하려는 자세가 부족하다.

12. **위의 상황에 대한 학생들의 반응 중, 적절하지 않은 의견은 무엇인가?**

① 나도 그날 먹었는데 속이 안 좋았어요. 다음부턴 도시락 싸와야겠네요.
② 요즘 날씨 탓이라지만, 위생 문제는 더 꼼꼼히 봐야죠.
③ 배탈은 자기가 체했을 수도 있는 거 아닌가요? 너무 예민한 것 같아요.
④ 학교 측도 놀랐을 테니, 대응은 좀 더 신중했어야 해요.

13. 다음은 [교내 식당의 메뉴 변경]에 대한 뉴스 형식의 글이다. 이와 같은 형식의 글을 작성할 때 고려해야 할 사항으로 가장 적절한 것은?

> [교내 식당의 메뉴 변경]
>
> C대학은 학생 식당의 메뉴를 학생 수요에 맞게 변경하였다. 최근 학내 설문조사 결과에 따르면, 건강식 · 채식 메뉴에 대한 요구가 꾸준히 증가해 왔고, 이에 따라 식당 측은 매주 수요일을 '건강식 데이'로 지정하고 저염, 저칼로리, 채식 중심 메뉴를 운영한다고 밝혔다. 또한 기존보다 나트륨 함량을 30% 줄인 조리법을 도입하고, 식재료 원산지를 매일 공개하기로 하였다. 학생들 사이에서는 "기름진 음식보다 훨씬 만족스럽다"는 반응이 이어지고 있다.

① 독자의 관심을 끌기 위해 주장을 강조하고 설득하는 방식으로 작성해야 한다.

② 새로운 변화나 사실을 독자가 이해하기 쉽게 사실 중심으로 전달해야 한다.

③ 글쓴이의 경험을 중심으로 감정을 담아 서술해야 한다.

④ 해당 기관이나 부서 내부 직원에게 전달할 공문 형식으로 구성해야 한다.

14. 다음 [지문]에서 ⓐ에 들어갈 말로 가장 어울리지 않는 것은 무엇인가?

> [지문]
>
> 건강한 식생활에 대한 (ⓐ)이 증가하면서, 학교 식당은 건강식 메뉴 확대를 결정하게 되었다.

① 관심　　② 수요
③ 반응　　④ 간섭

15. 다음 글은 SNS 콘텐츠와 저작권에 대한 글이다. 내용을 읽고, 글의 설명으로 옳은 것은 무엇인가?

> 지민 씨는 자신의 SNS에 좋아하는 가수의 뮤직비디오를 다운로드해서 그대로 올렸다. 또 다른 날에는 다른 사람의 블로그에서 본 맛집 소개 글을 복사해서 사진과 함께 그대로 자신의 SNS에 게시했다. 이런 경우, 지민 씨는 저작권 침해 문제가 발생할 수 있다. 저작권이란, 사람의 생각이나 감정을 표현한 창작물에 대해 만든 사람이 가지는 권리이다. 이 창작물은 글, 그림, 음악, 영상 등 여러 형태일 수 있다. 중요한 점은 단순한 정보나 아이디어는 저작물이 아니며, 표현된 내용이 있어야 보호받는다는 것이다. 또한 창작자의 나이나 직업, 예술성은 저작물로 인정받는 데 영향을 주지 않는다. 예를 들어, 초등학생이 그린 그림도 창작물이므로 저작권 보호를 받을 수 있다.

① 맛집 소개처럼 정보만 담긴 글도 누군가가 썼다면 모두 저작물로 보호된다.
② SNS에 공유된 것은 모두 공공 콘텐츠이기 때문에 자유롭게 사용해도 된다.
③ 표현된 창작물이면 나이와 상관없이 저작권 보호를 받을 수 있다.
④ 다른 사람의 콘텐츠를 SNS에 올릴 때는 표현이 아니라 아이디어만 참고하면 괜찮다.

16. 다음은 교내에서 실시하는 학생 대상 성희롱 · 성폭력 예방 교육 [안내문]과 [교육 일정]이다. 이 문서의 작성 목적으로 가장 적절한 것은?

[안내문]

학생상담센터에서는 성희롱 · 성폭력 예방을 위한 학생 교육을 실시합니다. 모든 재학생이 반드시 1회 이상 참여해야 하며, 교육 이수자는 비교과 프로그램 인증 마일리지도 받을 수 있습니다. 각 학년별 교육 일정은 아래와 같으니, 기한 내 신청 바랍니다.

[교육 일정]

학 년	신청 기간	교육 날짜	내 용
1	07.08 ~ 07.12	07.13	성희롱 · 성폭력 바로 알기
2	07.13 ~ 07.17	07.18	성희롱 · 성폭력 바로 알기
3	07.18 ~ 07.23	07.24	성희롱 · 성폭력 바로 알기
4	07.24 ~ 07.28	07.29	성희롱 · 성폭력 바로 알기

① 학내 안전사고 발생 이후 상황 보고를 위해 작성된 문서이다.
② 성희롱 예방교육을 통해 재학생의 참여를 독려하고 일정을 안내하기 위한 문서이다.
③ 강사에게 교육 매뉴얼을 배포하기 위한 공문이다.
④ 피해자 상담을 위한 치료 프로그램을 소개하기 위한 글이다.

17. 위 문서를 통해 알 수 있는 내용으로 옳은 것은?

① 교육은 선택 참여이므로 신청하지 않아도 불이익은 없다.
② 3학년 학생은 7월 23일 이전에 교육을 신청해야 한다.
③ 교육 수료 여부는 졸업과는 관계가 없다.
④ 학생상담센터가 아닌 외부 기관에서 교육을 주관한다.

18. 아래는 성희롱 · 성폭력 예방 교육 [프로그램 안내]와 [기대 효과]이다. 프로그램과 기대 효과를 잘못 연결한 것은 무엇인가?

[프로그램 안내]

프로그램명	내 용
1. 건강한 관계 이해	관계 안에서 나의 감정, 타인의 감정 이해
2. 나의 경험 되돌아보기	무심코 한 말과 행동의 영향 성찰
3. 감수성 높이기	피해자 시선으로 상황 바라보기, 공감 훈련

[기대 효과]

㉠ 서로의 다름을 인정하며 건강한 관계 맺기

㉡ 성희롱에 대한 잘못된 통념 바로잡기

㉢ 무의식적 판단과 행동을 자각하고 예방하기

㉣ 피해자의 상처에 공감하고 책임 있는 태도 갖기

① 건강한 관계 이해 → ㉠

② 나의 경험 되돌아보기 → ㉢

③ 감수성 높이기 → ㉣

④ 감수성 높이기 → ㉡

19. 다음은 팀 프로젝트 중 친구의 고민을 듣는 [상황]이다. 이 [상황]에서 나타난 경청 방해요인으로 가장 적절한 것은?

> [상황]
>
> 지현이는 팀 과제 중 조원 문제로 스트레스를 받고 친구 세민이에게 하소연했다. 그런데 세민이는 “넌 원래 말이 너무 직설적이야. 그런 성격이면 사회생활 힘들지. 그런데 네가 바뀌긴 어려울 것 같아. 그냥 지금부터 성격 고치는 프로그램이라도 알아보는 게 어때?”라고 말했다. 지현이는 공감이나 위로를 기대했지만, 오히려 비판받는 느낌에 기분이 상해버렸다.

① 판단하기

② 다른 생각하기

③ 조언하기

④ 짐작하기

20. 아래와 같은 [상황]에서 팀장이 신입사원에게 할 수 있는 말 중, 경청 방해요인을 줄이기 위한 말로 가장 적절한 것은?

> [상황]
>
> 팀장이 "오늘 보고서 좋았어요"라고 말했지만, 신입사원은 "속으로는 부족하다고 생각한 거 아닐까…"라며 팀장의 표정, 말투만 분석하고 말의 내용은 받아들이지 않는다. 또한 회의 중 질문을 받은 신입사원은 집중하지 못한 채 "저도 동의합니다…"라고 얼버무렸다. <u>이는 경청을 방해하는 심리적 습관들 때문일 수 있다.</u>

① "상대방이 당신을 고집 있는 사람으로 몰아가면 기분이 나쁘겠죠?"라고 말한다.

② "지금 상황을 회피하지 말고, 있는 그대로 내 말을 들어주세요"라고 말한다.

③ "내가 해결책을 말하지 않아도, 그냥 듣는 것만으로도 도움이 될 거예요"라고 말한다.

④ "상대방의 말에 의미를 짐작하기보다는, 그냥 귀 기울여 들어보면 어때요?" 라고 격려한다.

21. **다음은 수업 시간에 다룬 좋은 경청의 조건에 관한 글이다. 이 글의 요지를 잘못 이해한 학생의 말은 누구인가?**

> 좋은 경청은 단순히 듣는 것(Hearing)이 아니라 상대방의 생각과 감정을 이해하고 공감하는 것을 의미한다. 상대방이 말을 끝낼 때까지 기다리고, 질문하며 반응하거나 내용을 요약해 보는 것도 경청이다. 중요한 것은 집중하는 자세, 열린 마음, 적극적인 소통 의지이다.

① 민수: 상대방의 말을 요약하면서 들으면 더 잘 이해할 수 있겠네요.
② 지혜: 말할 내용이 있어도, 상대방의 말이 끝날 때까지 기다려야 해요.
③ 현준: 질문하지 않는 게 집중하는 데 도움이 되니 묵묵히 듣는 게 좋아요.
④ 서연: 상대방의 이야기를 내 생각과 다르더라도 열린 마음으로 듣는 게 중요해요.

22. 다음은 팀 활동 중 리더(지후)와 팀원(하영)의 [대화]이다. 이 상황에서 지후의 경청 태도를 가장 잘 설명한 것은 무엇인가?

> [대화]
>
> • 하영(팀원): 지후야, 다음 주 발표 전에 병원에 다녀와야 해서 리허설 시간 조정 가능할까?
>
> • 지후(리더): 음, 발표 자료는 다 준비됐어? 병원은 병원이고, 우리 발표 연습이 더 중요하잖아. 그리고 그날 끝나고 단체 회식도 있으니까 꼭 참석해.

① 지후는 하영의 말이 끝나기 전에 질문을 하고, 자신의 주장만 펼치고 있다.

② 지후는 하영의 상황을 충분히 듣고 일정 조정을 제안하고 있다.

③ 지후는 하영의 감정에 공감하며 의견을 나누고 있다.

④ 지후는 발표 연습의 중요성보다 하영의 사정을 우선시하고 있다.

23. 다음은 [스마트폰 과의존 예방 교육 콘텐츠에 대한 소개] 글이다. [삽입할 문장]을 넣기에 가장 적절한 위치(㉠~㉣)는 어디인가?

> [스마트폰 과의존 예방 교육 콘텐츠에 대한 소개]
>
> 교육부는 학생들의 스마트폰 과의존 문제를 해결하기 위해 스마트하게 사용하는 스마트폰 콘텐츠를 개발 · 보급한다고 밝혔다.
>
> 이번 콘텐츠는 학습용 태블릿, 스마트폰 사용시간 기록, 앱 차단 기능 등을 통해 학생 스스로 사용 습관을 점검하도록 구성되었다. (㉠)
>
> 콘텐츠는 총 10개 주제로 구성되며, 각 주제는 게임 과몰입, SNS 중독, 수면장애 등 실제 사례를 바탕으로 한다. 학생들은 자신의 생활을 돌아보며 영상 만들기, 토론, 역할극 등을 수행할 수 있다. (㉡)
>
> 학생 참여를 높이기 위해 퀴즈와 실천 다짐 노트도 포함되어 있으며, 온라인 수업에서도 활용이 가능하다. (㉢)
>
> 모든 콘텐츠는 '생각 열기, 활동하기, 정리하기'의 순서로 구성되며, 상황별 문제 해결 능력을 기를 수 있도록 했다. (㉣)
>
> [삽입할 문장]
>
> 한편, 디지털 예절, 개인정보 보호 등 정보 윤리 교육 내용도 콘텐츠 전반에 포함하였다.

① ㉠

② ㉡

③ ㉢

④ ㉣

24. 위의 스마트폰 교육 콘텐츠에 대한 설명 중 옳지 않은 것은 무엇인가?

① 이 콘텐츠는 학생들이 디지털 기기를 적절히 사용할 수 있도록 도와준다.

② 콘텐츠는 온라인 수업과도 연계할 수 있어 활용도가 높다.

③ 모든 활동은 반드시 오프라인 수업에서만 가능하도록 구성되어 있다.

④ 영상 만들기, 다짐 노트 작성 등 학생이 주도적으로 참여할 수 있는 활동이 포함되어 있다.

25. 다음 글 중 '높이고자 하였다'의 '높이다'를 가장 자연스럽게 바꾼 단어는 무엇인가?

학생들이 흥미를 느끼며 참여할 수 있도록 다양한 게임, 영상 자료를 활용해 학습 몰입도를 높이고자 하였다.

① 고취(鼓吹)하다: 분위기나 감정을 북돋우다.

② 확산(擴散)하다: 널리 퍼지게 하다.

③ 재고(再考)하다: 다시 생각해 보다.

④ 환기(換氣)하다: 공기를 바꾸다.

26. 다음은 [전자문서 활용 확대를 위한 법 개정안]에 관한 설명이다. 이 글을 바탕으로 할 때, 개정안 내용과 맞지 않는 것은 무엇인가?

> [전자문서 활용 확대를 위한 법 개정안]
>
> 정부는 종이문서 중심의 행정과 거래를 전자문서로 바꾸기 위해 '전자문서 및 전자거래기본법' 개정안을 마련하였다. 개정안의 주요 내용은 아래와 같다.
>
> [아래]
>
> 전자문서의 정의를 작성 또는 변환된 정보까지 포함하도록 확대하였다. 전자거래의 범위를 전자문서뿐 아니라 전자 방식 전반으로 넓혔다. 전자문서가 화면으로 읽을 수 있고 재현 가능하면 종이문서와 같은 법적 효력을 갖는다. 스캔한 종이문서를 공인기관에 저장하면 원본 종이문서를 별도로 보관하지 않아도 된다. 공인전자문서 중계자의 자격 요건을 완화하여, 중소기업도 쉽게 진입할 수 있도록 했다.

① 앞으로는 전자문서도 서면 문서처럼 법적으로 효력이 인정될 수 있다.

② 종이문서를 스캔하여 전자문서로 변환한 경우, 원본은 반드시 5년간 별도로 보관해야 한다.

③ 공인전자문서센터에 저장된 문서는 종이 없이도 법적 효력을 인정받을 수 있다.

④ 전자거래의 개념은 기존보다 넓어져 전자적 방식 전반이 포함된다.

27. **다음 글은 그래핀(Graphene)의 특성과 활용 가능성에 대한 소개 글이다. 밑줄 친 ㉠~㉣ 중 수정 방안으로 가장 적절하지 않은 것은 무엇인가?**

> 그래핀은 탄소 원자가 벌집 모양으로 배열된 2차원 구조의 물질로, (㉠) 반도체가 주로 쓰는 실리콘보다도 전자 이동 속도가 빠르다. 또한 구리보다 전기가 100배 더 잘 통하며, 얇고 투명해서 휘어지는 디스플레이에도 활용될 수 있다. (㉡) 그래핀은 차세대 전자소자 개발에 중요한 역할을 할 수 있다. 최근에는 다양한 나라에서 그래핀의 상용화를 위한 연구가 활발히 이루어지고 있다. (㉢) 이처럼 그래핀은 상용화 가능성이 매우 적다는 평가도 있으나, 우리나라는 응용 기술 부문에서 높은 평가를 받고 있다. (㉣) 앞으로는 예시를 통해 기술을 실제 제품에 적용하고, 시장을 선점할 수 있는 전략이 필요하다.

① ㉠: '반도체가 주로 쓰는' → '반도체에 주로 사용되는'으로 바꾸는 것이 자연스럽다.

② ㉡: '중요한 역할을 할 수 있다' → '차세대 기술을 선도할 수 있다'로 바꾸는 것이 더 분명하다.

③ ㉢: '상용화 가능성이 매우 낮다' → '상용화 가능성이 매우 크다'로 바꾸는 것이 문맥에 맞다.

④ ㉣: '예시를 통해' → '강점을 바탕으로'로 바꾸는 것이 오히려 어색하다.

28. 김○○ 과장이 다음과 같이 그래핀의 특성을 [설명]했다. 이에 대한 반응으로 가장 적절한 것은?

> [설명]
>
> 그래핀은 전도성과 강도가 뛰어나고, 얇고 투명한 2차원 구조를 가진 물질이다. 영국에서는 초소형 스피커에, 미국에서는 암 진단 센서에 활용하는 기술을 개발했다. 다양한 분야에서 상용화 가능성이 크고, 우리나라도 응용 기술에서 높은 평가를 받고 있다.

① 그래핀은 의료, 전자기기 등 여러 분야에서 연구가 활발히 이루어지고 있군요.

② 그래핀은 음향 장비에만 사용할 수 있는 특수한 물질이네요.

③ 우리나라 기술이 최고이니 다른 나라가 따라올 수 없을 것 같아요.

④ 그래핀의 강도보다 전기가 통하지 않는 특성이 더 중요한 것 같아요.

29. 다음은 학생회장이 후배들과의 면담에서 보여준 태도에 대한 글이다. 글 중에서 밑줄 친 경청 중심의 의사소통 태도와 가장 거리가 먼 설명은 무엇인가?

> 건축공학과 학생회장 은서는 2학년 후배들과의 첫 면담에서 "선배라는 위치가 권위가 아닌 신뢰가 되어야 한다"고 강조했다. <u>그녀는 지난 1년 동안 각종 의견 조율 과정에서 가장 효과적이었던 방법이 바로 '경청'이라고 밝혔다.</u> 은서는 후배의 제안을 단순히 메모만 하지 않고, 나중에 회의에서 직접 언급하고, 실행 가능한 방법으로 바꿔 제시했다. 또한 면담 시 항상 상대방이 말할 때 고개를 끄덕이고, 말을 끊지 않으며, 질문할 땐 상대방의 감정을 먼저 확인하는 태도를 보였다.

① 상대방의 말에 집중하며 신뢰를 형성하는 데 도움이 된다.

② 후배들과 긍정적인 소통 분위기를 만드는 데 기여한다.

③ 의견을 일치시키는 것이 가능해진다.

④ 상대방의 감정과 생각을 비판 없이 있는 그대로 받아들이는 태도를 기를 수 있다.

30. 다음은 각 팀장이 팀원과의 대화에서 보인 반응이다. 경청능력을 가장 잘 실천한 팀장은 누구인가?

① 민호: 팀장님, 오늘은 병원 예약이 있어서 회의에 10분 정도 늦을 것 같습니다.
김팀장: 아 그래요? 저도 잠깐 다른 생각 중이었는데 뭐라고 했죠?

② 수빈: 처음 맡아보는 일이라서 시간이 조금 더 걸릴 것 같아요.
최팀장: 저도 신입 때 그랬어요. 하지만 속도도 중요하니까 최대한 빨리 해 보세요.

③ 재영: 보고서 관련해서 궁금한 점이 있는데, 잠깐 괜찮으신가요?
이팀장: 지금 나 바쁘니까 다음에 이야기합시다.

④ 윤정: 팀장님, 어제 부탁드린 자료 요청 건 아직 처리 안 되셨더라고요.
박팀장: 아, 어제 회의가 길어져서 깜빡했네요. 지금 바로 처리해드릴게요. 늦어서 미안해요.

정답 및 해설

01. 정답: ③

해설: 이 글은 대학에서 열린 경진대회를 외부에 알리기 위해 작성된 보도자료이다. 대회 목적, 내용, 참가 현황 등을 소개하고 있어 보도자료의 특징에 해당한다. 따라서 ③번이 정답이다.

02. 정답: ③

해설: 이 글은 B대학에서 실시한 취업 역량 강화 캠프의 내용을 외부에 알리기 위해 작성된 보도자료이다. 행사 목적, 구성, 앞으로의 계획 등이 구체적으로 제시되어 보도자료의 특징과 부합한다. 따라서 ③번이 맞다.

03. 정답: ③

해설: 본문에는 기업 인사담당자가 직접 참가하여 학생들에게 조언과 면접 준비 방법을 제공했다는 내용이 나온다. 따라서 '기업 인사담당자는 오지 않았다'는 ③번의 이해는 부적절한 것이다.

04. 정답: ④

해설: ④번은 실습생(인턴)의 역할과 수준을 벗어나며, 팀장의 지시와도 맞지 않으므로 적절하지 않다. 나머지 선택지는 지시에 어울리는 반응이다.

05. 정답: ③

해설: 이 글은 D대학이 2025학년도 교육과정 개편을 외부에 알리기 위해 작성한 보도자료이다. 대학의 주요 정책 변화와 소식을 알리는 보도자료의 특징을 갖고 있어 ③번이 적절하다.

06. 정답: ②

해설: 3단계는 문서의 핵심 정보 추출하는 단계로, ②번은 전공 외 선택 수업 확대라는 구체적 정보를 바탕으로 핵심을 파악하고 있어 해당 단계와 일치한다.

07. 정답: ②

해설: 팀원 모두가 의견을 자유롭게 주고받는 연결형 구조는 정보가 한 명에게 집중되지 않고, 리더 없이 토론이 진행된다는 점에서 실제 협업 방식과 유사하다.

08. 정답: ③

해설: ③번은 부적절한 항목 배열이다. ㉮는 전체 만족도, ㉯는 구체적 만족도이므로 같은 세부 항목으로 묶기 어렵다.

09. 정답: ②

해설: 수빈은 팀장의 지시에 맞춰 구체적으로 자료 수집 방법을 제안하고 과거 회의 내용도 반영하는 등 적극적으로 대응해 올바른 경청의 예라고 할 수 있다.

10. 정답: ③

해설: ㉢은 상대방의 말에 공감하고 자신의 경험과 연결하여 듣는 경청 태도로, 긍정적인 행동에 해당한다.

11. 정답: ③

해설: ③번은 책임 회피에 해당하는 내용으로, '적절한 문제점'으로 보기 어렵다.

12. 정답: ③

해설: ③번은 문제의 원인을 피해자에게 돌리는 태도로 공감이 부족하며, 적절한 의견이라고 볼 수 없다.

13. 정답: ②

해설: 이 글은 학교 식당 메뉴 변경 사실을 학생들에게 알리는 뉴스 형식의 글이다. 사실을 중심으로 객관적으로 전달하는 것이 중요하므로, ②번이 가장 적합하다.

14. 정답: ④

해설: ④번 '간섭'은 부정적인 의미로 문맥에 맞지 않으며, 나머지 단어들은 긍정적으로 쓰일 수 있다.

15. 정답: ③

해설: 정보만 담긴 글은 저작물로 보호받지 않을 수 있으며, 아이디어만 사용하면 저작권 침해가 아니다. 공개된 정보라도 저작권이 없다는 뜻은 아니다. ③번이 적절하다.

16. 정답: ②

해설: 이 안내문은 학생들에게 예방 교육의 중요성과 일정을 안내하고 참여를 독려하기 위해 작성된 문서이므로, ②번이 해당된다.

17. 정답: ②

해설: 안내문에는 3학년 학생이 7월 23일 이전에 신청해야 한다고 명시되어 있으므로, ②번이 맞다.

18. 정답: ④

해설: ④번은 감수성 높이기와 통념 바로잡기와 관련이 적다. 통념 교정은 자기 인식과 연관된다.

19. 정답: ③

해설: 세민이는 친구의 고민에 해결책을 강하게 제시하는 '조언하기' 방식을 보이고 있다.

20. 정답: ④

해설: ④번은 '짐작하기'라는 경청 방해요인을 줄이기 위한 올바른 조언에 해당한다.

21. 정답: ③

해설: 현준은 "질문하지 않는 게 좋다"고 했으나, 질문은 경청에 도움이 된다는 내용이 지문에 나온다.

22. 정답: ①

해설: 지후는 하영의 상황을 경청하지 않고 자신의 요구만 말하고 있어, 경청 부족의 예이다.

23. 정답: ③

해설: 삽입할 문장은 ⓒ 위치에 넣으면 학생 참여와 정보 윤리 교육의 다양한 요소가 자연스럽게 이어진다.

24. 정답: ③

해설: 지문에서는 온라인 수업 활용이 가능하다고 명시되어 있으므로, '오프라인만 가능하다'라는 설명은 잘못되었다.

25. 정답: ①

해설: '높이다'는 분위기나 감정을 북돋우는 의미이며, '고취하다'가 가장 자연스러운 표현이다.

26. 정답: ②

해설: 스캔한 전자문서는 공인전자문서센터에 보관하면 종이문서를 별도 보관하지 않아도 된다.

27. 정답: ④

해설: ④번의 수정안은 맥락에 적합하지 않으며, 나머지는 직관성이나 명확성을 높인다.

28. 정답: ①

해설: ①은 다양한 응용 가능성과 현 상황을 균형 있게 이해한 반응이다.

29. 정답: ③

해설: 경청 중심의 의사소통 태도는 의견의 이해와 존중을 돕지만, 반드시 의견 일치를 가져오지는 않는다.

30. 정답: ④

해설: ④번처럼 끝까지 듣고 실수를 인정하는 태도가 바람직한 경청능력의 예시이다.

참고문헌

1. 한국산업인력공단(2021), 『국가직무능력표준(NCS), 직업기초능력(의사소통능력, 문서이해능력, 문서작성능력 등) 교육훈련모듈』, https://www.ncs.go.kr.
2. 한국교양기초교육원(2024), 『2024 전문대학 교양교육 권고안』, 한국교양기초교육원.
3. 반희영(2018), 『전문대학 NCS 수리능력 교과에서 PBL 수업 가능성 탐색』, 경상대학교 대학원 박사학위논문.
4. 반희영, "전문대학에서 NCS 수리능력 수업의 효과성 분석," 『한국학교수학회』, 21(2), 91-111.
5. 박미랑(2019), "자아존중감, 의사소통능력, 대인관계능력 향상을 위한 대학생 인성교육 프로그램의 효과 연구," 『한국교양교육학회』, 13(3), 77-95.
6. 이재희 외(2019), 『UP 의사소통능력(NCS직업기초)』, 양성원.
7. 박윤희(2018), 『NCS 직업기초능력-자기개발능력의 이해와 실습』, 공동체.
8. Guffey, Mary Ellen, & Loewy, Dana(2022), 『Essentials of Business Communication』, Cengage Learning.
9. H. Douglas Brown(2016), 『Principles of Language Learning and Teaching』, Pearson Education.
10. 국립국어원(2025), 『표준국어대사전』, https://stdict.korean.go.kr.
11. 최영순 외(2022), 『2023 한국직업전망』, 한국고용정보원.
12. 한국산업인력공단(2020), 『직업기초능력 평가 문항 예시집』, 한국산업인력공단.

※ 본 교재는 국가직무능력표준(NCS)과 교육부 권장 자료를 기반으로, 수업에서 다루었던 실제 사례와 설명을 담아 체계적으로 정리하였다.

저자 소개

반 희 영

교육학박사
경남도립거창대학 외래교수

저 서
사랑하는 자녀 어떻게 키워야 할까?/큰솔북스

직업기초능력 가이드북
의사소통능력 **정가 15,000원**

저　자 : 반희영

발행인 : 임정대
발행처 : 도서출판 구미서관

발행 : 2025년 10월 10일

등록 : 1979년 6월 29일 No.9-6호
주소 : 서울시 마포구 신촌로 2길 5-15 구미빌딩
전화 : 02-333-1101
팩스 : 02-335-2201
http://www.goomibook.com

ISBN 979-11-6257-323-5 (93500)